すべての障害者が生きがいをもって働けるようにするために

新しい時代に相応しい今後の施策の在り方を巡って

YASUI Syusaku
安井秀作

エンパワメント研究所

はじめに

　我が国においては、障害者の働く場は、一般雇用（民間企業、公的機関での雇用）と福祉的就労（授産施設、小規模作業所などでの就労）という二元的な仕組みで構成され、それぞれに、施策の充実が図られてきた。一般雇用については、雇用障害者は労働関係法制に守られているものの、労働の権利保障の仕組みは脆弱なものであり、かつ、障害者雇用企業における労働生活の質（QWL：Quality of Working Life）の向上への取り組みは必ずしも十分とは言えない。

　一般労働市場においては、急速に進行する規制緩和によって、人々の働き方は大きく変容してきている。高いレベルで推移する失業率に加えて、非正規雇用やワーキング・プアーの著しい増加などの深刻な問題が指摘されている。しかし、労働者一般の労働の権利を保障する仕組みの整備は必ずしも進展しているとは言えない。その様な中にあって、障害者の一般雇用についても、今後、これらの影響を受け、不安定雇用が増加するおそれがある。

　一方の福祉的就労にあっては、「働いている」にもかかわらず、一括してこれを「労働者」とは認めず、労働関係法制にも、労働保険をはじめとする各種の保険のセイフティ・ネットに守られることもない。しかも、その状態が、長きにわたり温存されてきた。この福祉的就労の仕組みは、「もっと働ける」ことを目指す障害者自立支援法によって改善が期待されたが、新体系にあっても、従来の仕組みは温存され、労働の権利保障はないままにある。この実情は、もはや、看過すべきものではない。

　一般雇用、福祉的就労のいずれにあっても、誰もが保障されるべき労働の権利の視点からすれば、極めて大きな問題を内在している。これに加えて、一般労働市場において予測される様々なマイナス要因を勘案すれば、従来施策の延長線上に如何に施策の充実を図ろうとも、問題の抜本的な解決策は得られない。

翻って世界の動きをみるならば、ILO（国際労働機構）においては、平成11（1983）年6月に「職業リハビリテーション及び雇用（障害者）に関する条約」が、国連においては、平成18（2006）年12月に「障害者の権利条約」が採択され、世界各国においては、これに対応した包括的なリハビリテーション施策の充実・強化が図られるとともに、障害者差別禁止法制の整備が行われるなど、理念的にも、また、実際のサービスの上においても大きな変革がみられる。

　しかし、我が国における障害者の働くことを支援するための関係法制は、あたかも落とし穴に落ちたかの様に、恩恵的色彩を色濃く残す従来施策が展開されているに過ぎず、これから抜け出す道筋さえも明らかにされていない。

　障害者自立支援法の最大の問題は、当事者の意見を汲み上げることが十分に行われなかったことにある。解決への道筋は、まず、当事者の声に耳を傾けることからスタートしなければならい。ここでは、その様な視点に立って、すべての障害者が、ILOの提案する『ディーセント・ワーク』（Decent Work：働きがいのある人間らしい仕事）を享受することができるよう、新しい時代に相応しい今後の施策の在り方を提言することに努めた。

　障害者が働くことを巡る諸問題の解決は、極めて広範な課題の解決を必要とするものであり、本稿は、その一部についての政策提言に過ぎない。課題は、地方自治体の果たすべき役割と認識すべき部分も多いので、縦割り行政の仕組みを超えて、解決に向けた検討、連携が深められなければならない。

　本稿が、国レベルの政策立案はもとより、地方自治体における取り組みを充実させる上において役立つものとなれば幸いである。

安井　秀作

目次
はじめに

第1章　障害者関係法制の発展過程からみ見えてくる問題点
第1節　障害者関係法制の整備 …………………………………… 1
　1　自立を強調することを巡る問題 ………………………… 3
　2　障害者基本法の改正による差別禁止規定 …………… 6
第2節　障害者自立支援法の制定とその改正を巡る動向 …… 8
　1　障害者自立支援法の制定 ………………………………… 8
　2　障害者自立支援法の一部改正案 ……………………… 10

第2章　国際的なスタンダードからみた問題点
第1節　障害者の権利条約及びILO条約・勧告 …………… 12
第2節　障害者の権利条約の視点からみた問題点 ………… 14
　1　障害（者）の捉え方・定義（第1条関係）………… 15
　2　労働及び雇用（第27条関係）………………………… 19
　3　ハビリテーション・リハビリテーション（第26条関係）……… 39
第3節　ILO条約及び勧告（障害者）を巡る問題
　1　ILO条約・勧告違反に関する申立て ………………… 51
　2　提訴の背景とその理由 ………………………………… 52
　3　ILO審査委員会の対応 ………………………………… 54

第3章　障害者制度の改革を巡る動向
第1節　障害者自立支援法違憲訴訟 ………………………… 85
　1　違憲訴訟の背景 ………………………………………… 86
　2　基本合意の成立 ………………………………………… 88
　3　基本合意の評価 ………………………………………… 91

第2節　障がい者政策プロジェクトチームの提言……………………99
　　1　「障がい者制度改革推進法案」の基本的考え方………………101
　　2　障がい者総合福祉法（仮称）の在り方…………………………102
　　3　障がい者制度改革推進会議中間まとめ（第一次意見）………104
　第3節　障がい者制度改革推進会議総合福祉部会からの提言………113
　　1　「総合福祉部会」の提言する新法の骨格…………………………113
　　2　就労合同作業チームにおける検討…………………………………121

第4章　ILOの提言する『ディーセント・ワーク』の視点からみた問題
　第1節　ILOの提言する『ディーセント・ワーク』……………………129
　　1　『ディーセント・ワーク』の意味するもの………………………129
　　2　『ディーセント・ワーク』と労働条件……………………………130
　第2節　「ディーセント・ワーク」の視点からみた我が国の問題……131
　　1　一般雇用における問題………………………………………………133
　　2　福祉的就労における問題……………………………………………141

第5章　『ディーセント・ワーク』実現への道筋
　　　　　＝すべての障害者が生きがいをもって働けるようにするためには＝
　第1節　「社会的事業所設置促進法」（仮称）の整備……………………147
　　　　　～インクルーシヴな雇用の場の実現を目指して～
　　1　滋賀県における先行的な試み………………………………………148
　　2　EU諸国におけるソーシャル・ファームの取り組み……………157
　　3　「社会的事業所設置促進法」（仮称）の骨子………………………160
　　4　社会的事業所は、あくまで、一つのステップ……………………174
　第2節　「総合リハビリテーション法」（仮称）の制定に向けて………175
　　　　　～失われてきた労働の権利の回復と保障を目指して～
　　1　「総合リハビリテーション法」（仮称）の骨子……………………177

2 「総合リハビリテーション法」(仮称) の制定に伴う
　　　関係制度の改正 ……………………………………………… 199
　　3 地域における総合的なサポート体制の充実 ………………… 201
おわりに

参考資料
　1 滋賀県における
　　障害者の就労支援に関する今後の方向性について …………… 206
　2 滋賀県社会的事業所設置運営要綱 ……………………………… 209
　3 滋賀県社会的事業所運営助成金交付要綱 ……………………… 212
　4 ILO 条約・勧告 …………………………………………………… 215

第1章　障害者関係法制の発展過程から見えてくる問題点

　私たちの生きている時代は、過去の歴史の積み重ねを基盤として成り立っている。障害者福祉に関しても同様であり、戦後の極めて困難な時代を経て、順次、関係法律が制定され、次第に施策の充実が図られてきた。それぞれの時代に相応しい施策であり、実現に至までの行政関係者は勿論のこと、障害者団体などの関係者の労は多かったと思われる。その様な努力に深く敬意を表するものであるが、同時に、その過程を跡づけながら、問題点を明らかにすることは、現在を生きる我々の責務でもある。そのことをスタートとして、具体策の在り方についての検討を深めていくこととする。

第1節　障害者関係法制の整備

　我が国においては、傷痍軍人を中心とする身体障害者福祉対策をスタートさせるため、昭和24（1949）年に「身体障害者福祉法」が制定され、その後、それ以外の障害者についても、段階的に福祉関係法制の整備が図られてきた。その制定の過程は、次の様になっている。

（1）身体障害者福祉法（昭和24（1949）年）
（2）精神保健及び精神障害者福祉に関する法律（昭和25（1950）年）（旧「精神衛生法」「精神保健法」）
（3）知的障害者福祉法（昭和35（1960）年）（旧「精神薄弱者福祉法」）
（4）障害者の雇用の促進等に関する法律（昭和35（1960）年）（旧「身体障害者雇用促進法」）
（5）障害者基本法（昭和45（1970）年）
（6）発達障害者支援法（平成16（2004）年）
（7）障害者自立支援法（平成17（2005）年）

　これらの法制の多くにおいては、一つの共通的な特徴を指摘することができる。それは、障害者自身の自立への自助努力を強調することにある。

因みに、それぞれの関係法制における規定をみると、次の様になっている。
(1) 身体障害者福祉法（昭和24（1949）年）
「すべて身体障害者は、自ら進んでその障害を克服し、その有する能力を活用することにより、社会経済活動に参加することができるように努めなければならない。」（第2条）
(2) 精神保健及び精神障害者福祉に関する法律（昭和25（1950）年）
「国民は、……精神障害者がその障害を克服して社会復帰をし、自立と社会経済活動への参加をしようとする努力に対し、協力するように努めなければならない。」（第3条）
(3) 知的障害者福祉法（昭和35（1960）年）
「すべての知的障害者は、その有する能力を活用することにより、進んで社会経済活動に参加するよう努めなければならない。」（第1条の2）
(4) 障害者の雇用の促進等に関する法律（昭和35（1960）年）
「障害者である労働者は、……自ら進んで、その能力の開発及び向上を図り、有為な職業人として自立するように努めなければならない。」（第2条の3）
(5) 障害者基本法（昭和45（1970）年）
「障害者は、……その有する能力を活用することにより、進んで社会経済活動に参加するよう努めなければならない。」（第6条）

「精神保健及び精神障害者福祉に関する法律」（昭和25（1950）年）においては、規定の仕方がやや異なるが、これは、精神障害特有の問題状況に配慮したものと思われる。しかし、結局は、障害当事者の「自立と社会経済活動への参加へ向けての努力」を強調していることに変わりはない。

その後に制定された「発達障害者支援法」（平成16（2004）年）及び「障害者自立支援法」（平成17（2005）年）にあっては、これまでのように、障害者に対する自立の義務に関しての明文の規定はない。

その一方で、発達障害者支援法においては、「国民の責務として、発達障害者が社会経済活動に参加しようとする努力に対し、協力するように努めな

けなければならない。」(第4条)と規定され、障害者自立支援法においては、「すべての国民は、その障害の有無にかかわらず、障害者等がその有する能力及び適性に応じ、自立した日常生活又は社会生活を営めるような地域社会の実現に協力するよう努めなければならない。」(第3条)と規定され、国民の責務と協力を強調するものとなっている。

これは、昭和56 (1981) 年の「完全参加と平等」をテーマとする「国際障害者年」を契機として、ノーマライゼーションを基本とした福祉理念へと大きく舵を切り、障害者の自立を困難にする要因は、ハード・ソフト両面にわたる環境にあるとの認識が浸透し、これらを整備することが優先されるべきとの考え方に立脚したものと思われる。

なお、平成6 (1994) 年「ハートビル法」(高齢者や身体障害者などが安心して利用できる建築物(ハートビル)の建築を促進し、誰もが快適に暮らせる生活環境作りを目指すもの)、さらには、平成12 (2000) 年「交通バリア・フリー法」(駅やバスなどの公共機関・施設をバリア・フリー化(障壁の除去)するとともに、市町村が駅やその周辺地域のバリア・フリー化を促進することを目指すもの)などの法制の整備が行われたが、これらの立法は、上記の様な考え方を具体化するものとして位置づけられる。

1 自立を強調することを巡る問題

上記のように、いずれの福祉法制においても、障害者の自立(働くことを含む)支援を目指すものであるが、法整備の根底に流れる考え方をみるならば、(1) 基本的には、福祉の発想であり、(2) 自立と言いながら、障害者は、恩恵的に社会参加や自立の機会を「与えられる存在」として捉えられ、(3) 一方において、障害者自身の自立への努力義務を強調するのみで、(4) 障害者の自立についての権利保障の視点は明確ではないことが指摘できる。

ここでは、本稿のテーマである障害者が働くことに関して、「障害者の雇用の促進等に関する法律」(以下、「障害者雇用促進法」という。)の関係規定をさらに分析しながら、問題を明らかにすることとしたい。

まず、同法の基本的理念についてみるならば、「障害者である労働者は、経済社会を構成する労働者の一員として、職業生活においてその能力を発揮する機会を与えられるものとする。」（第3条）と規定され、「障害者である労働者は、職業に従事する者としての自覚を持ち、自ら進んで、その能力の開発及び向上を図り、有為な職業人として自立するように努めなければならない。」（第4条）と規定されている。即ち、障害者雇用促進法にあっても、障害者は、依然として、その能力を発揮する機会（一般雇用の場）を「与えられる存在」であり、その前提は、自ら努力して、能力の開発を図り、職業人として自立するように努力すべき立場にあることを明らかにしている。

　その様な立場にある障害者に一般雇用の場を与えることができるものは、事業主であることから、同法は、「すべて事業主は、障害者の雇用に関し、社会連帯の理念に基づき、障害者である労働者が有為な職業人として自立しようとする努力に対して協力する責務を有するものであつて、その有する能力を正当に評価し、適当な雇用の場を与えるとともに適正な雇用管理を行うことによりその雇用の安定を図るように努めなければならない。」（第5条）と規定する。

　しかし、「自立の努力義務に協力する責務」を理念として規定するのみでは、障害者の雇用は進まないことから、障害者雇用促進法では、身体障害者又は知的障害者の雇用義務を定めている。まず、事業主の責務として、「すべて事業主は、身体障害者又は知的障害者の雇用に関し、社会連帯の理念に基づき、適当な雇用の場を与える共同の責務を有するものであつて、進んで身体障害者又は知的障害者の雇入れに努めなければならない。」（第37条）と規定し、「事業主は、……雇用関係の変動がある場合には、その雇用する身体障害者又は知的障害者である労働者の数が、その雇用する労働者の数に障害者雇用率を乗じて得た数以上であるようにしなければならない。」（第43条）とし、法定雇用率以上の身体障害者又は知的障害者の雇用を「法的義務」としている。

　一方、国及び地方公共団体の義務として、「国及び地方公共団体の任命権

第1章　障害者関係法制の発展過程から見えてくる問題点

者は、職員……の採用について、当該機関に勤務する身体障害者又は知的障害者である職員の数が、当該機関の職員の総数に、……障害者雇用率を下回らない率であって政令で定めるものを乗じて得た数未満である場合には、身体障害者又は知的障害者である職員の数がその率を乗じて得た数以上となるようにするため、……身体障害者又は知的障害者の採用に関する計画を作成しなければならない。」（第38条）と規定し、民間事業主よりも高いレベルの法定雇用率を設定し、それ以上の身体障害者又は知的障害者を採用することを義務づけている。これは、公的機関については、民間事業主に率先垂範して、障害者の雇用を進めるべきとの考え方によるものである。

　障害者雇用の受皿として、圧倒的なウエイトを占めるのは、事業主であるが、上記の一連の規定からも理解できる様に、障害者の雇用は法的義務としながらも、その根本にある考え方は、あくまでも、事業主は、障害者の自主的な努力に協力して、適当な雇用の場を与える立場にあるとしているに過ぎない。また、そこで問題となるのは、法定雇用率を達成しているか否かであり、いわば、障害者雇用の量である。

　障害者雇用促進法においては、「適正な雇用管理を行うことによりその雇用の安定を図るように努めなければならない。」と規定するも、その実施を担保する規定は整備されていない。結果として、雇用の質的な問題は、深く問われることはない。そこにおいて、労働の諸権利が失われていたとしても、法定雇用率を達成してさえいれば、それが正当な理由ともなって、仮に人権侵害などの問題があっても、深く、追求されることは少ない（明らかな労働法令上の問題があれば、然るべき対応が行われるのは当然である）。

　しかし、障害者雇用は量さえ増えればそれで良いものではない。雇用率制度を、単に、量的側面から評価し、実雇用率の改善にのみに注意を奪われてはならない。障害者雇用の質的な向上と相まってこそ、本来の目的を達成できることを忘れてはならない。

　憲法第27条においては、「すべて国民は勤労の権利を有し、義務を負う。」と規定されている。

障害者の労働の成立に大きく係わる障害者雇用促進法において、事業主に対する様々な規制措置は規定されているものの、一方の当事者である障害者の求める職場での配慮措置（合理的配慮）などに関して、その意志を尊重した適切な措置を事業主に求める根拠となる規定はみあたらない。労働の成立に係わる障害者雇用促進法において、最も重要な障害当事者の労働の権利保障の視点が欠けていることに、疑問が生ずるのは当然であろう。

　後述する障害者基本法における障害者差別禁止規定の改正に併せて、労働の権利保障を確実にするため、何が雇用に係わる差別かを具体的に規定しつつ、差別禁止の観点から、障害者雇用促進法を全面的に改正することも想定されたが、基本法の一部改正は行われたものの、個別法たる障害者雇用促進法については、全く、議論の深まりもないままに現在に至っている。

2　障害者基本法の改正による差別禁止規定

　上述の様に関係法制については、権利保障の視点が規定されていないことが明らかになった。その様な中にあって、障害者基本法が平成16（2004）年に改正され、法第3条（基本的理念）に、新たに第3項として、「何人も、障害者に対して、障害を理由として、差別することその他の権利利益を侵害する行為をしてはならない。」という差別禁止規定が整備されたことは特筆に値しよう。

　この規定は、当然のことながら、障害者が働くことに関しても、一切の差別があってはならないことを意味する。これをもって、従来の恩恵を基本とする施策とは異なる新たな方向が示されたとも評価できる。しかし、実質的に効果を上げたかとなると、否定せざるを得ない。第3項が挿入され、それによって、事態が急激に改善されるほど、障害者差別を巡る現実は、単純なものではない。

　因みに、差別とは、一般的には、次の様に整理される。
（1）積極的な差別
　①賃金、昇進、解雇などにおいて、不利益に扱われる

②分離された教育施設で特別の教育を受けなければならない
　③障害を理由に、アパートの賃貸借契約を拒否されるなど
(2) 配慮義務違反による差別
　①駅の入り口からホームまでの間に、エレベーターがない
　②ホテルなどにおいて、補助犬（盲導犬・聴導犬・介助犬）を理由に利用を拒否される
　③選挙公報が、点訳・音訳・拡大文字化されていない
　④知的障害者が、よく分からないまま、供述調書に署名させられるなど
　ここに掲げた「積極的な差別」と「配慮義務違反による差別」は、あくまで例示であって、現実には、様々なバリエーションがあることは当然である。
　重要なことは、これらの差別を具体的に法令に規定し、差別を受けた障害当事者は、これを根拠として救済を求めることができる様にすることにある。
　この場合の救済方法として、今日の法制度にあっては、まず裁判に訴え出ることを考えるほかに手段はない。しかし、現実の問題として、日常生活をはじめ職業生活上の様々な問題について、その都度、司法に訴えるとすれば、訴訟へ向けての準備と裁判に多くの時間を割かれてしまうことに加えて、経済的な負担も大きいことは否めない。訴訟によって、職業生活の継続が危うくなることもあり得る。司法に訴える道は開かれていても、権利回復までの道のりは遠い。たとえ、勝訴したとしても、遡っての救済が確実に行われるとは限らない。余りある成果を得ることもない。これが、裁判への訴えを抑制する結果となっていることも否定できない。したがって、差別を具体的に規定することに加えて、さらに、重要なことは、差別を受けたときに、「簡易・迅速に対応できる救済措置」の仕組みが整備されていなければならない。
　その後、平成23（2011）年に同法の一部改正が行われ、新たに、第2条第1項第2号において、「社会的障壁」が規定され、「障害がある者にとって

の日常生活又は社会生活を営む上で障壁となるような社会における事物、制度、慣行、観念その他一切のものをいう。」と定義された。これに併せて、平成16（2004）年改正において整備された差別禁止規定は、平成23（2011）年改正では、差別禁止規定の第4条第1項となり、その第2項には、「社会的障壁の除去は、それを必要としている障害者が現に存し、かつ、その実施に伴う負担が過重でないときは、その実施について必要かつ合理的な配慮がされなければならない。」と規定された。しかし、その後にあっても、障害者基本法の規定を受けて、個別法において、差別禁止を具体的に規定する法制は整備されることもなく、また、簡易・迅速に対応できる救済措置の仕組みについても、同様の状態のままに、今日を迎えている。

　そもそも、障害者基本法は、理念法であって、国・地方公共団体の責務を定めたものに過ぎない。これに基づいて、司法に訴え、訴訟を起こしたとしても、何が差別かが具体的に規定されない限りは、権利を回復するための原動力にはなり得ないことを忘れてはならない。

第2節　障害者自立支援法の制定とその改正を巡る動向

　上記に指摘した様に、障害者基本法において、差別禁止規定及び社会的障壁の除去に係る規定が整備されたことは評価できるとは言え、その的確な運用のための諸条件の整備がない中では、改正法は、成果を上げているとは言えない。しかし、その後、本稿のテーマである障害者が働くことに関して、新たな仕組みを整備することを法制定の柱の一つとする「障害者自立支援法」（平成17（2005）年）（以下、「自立支援法」という。）が10月31日に可決・成立したので、これについての問題点を明らかにする。

1　障害者自立支援法の制定

　自立支援法は、障害者福祉施策をほぼ半世紀ぶりに抜本改革するものとして位置づけられ、平成18（2006）年10月から全面施行となった（利用者負担に関連する部分は平成18（2006）年4月から）。その提案理由をみると、

第1章　障害者関係法制の発展過程から見えてくる問題点

「障害者及び障害児の福祉の増進を図るとともに、障害の有無にかかわらず国民が相互に人格と個性を尊重し安心して暮らすことのできる地域社会の実現に寄与するため、障害者及び障害児がその有する能力及び適性に応じ、自立した日常生活又は社会生活を営むために必要な障害者福祉サービスなどが総合的に提供されるよう、自立支援給付を創設するなどの措置を講ずる必要がある。」と記述されている。

　このために、次の様な目的が掲げられている。
(1) 身体・知的・精精の3障害に区分され、展開されてきた障害者施策を一元化し（実施主体は市町村）、障害間のサービス格差を是正すること
(2) 障害種類ごとに区分された複雑な施設体系を「日中活動の場」と「居住支援の場」に分離し、6つの事業に再編・整備すること
(3) 障害者が「もっと働ける」社会を目指して、就労支援策を抜本的に強化するため、新たな就労支援事業を創設し、一般雇用施策との連携を強化すること
(4) サービスの必要度に関する全国共通の客観的な尺度（障害程度区分）を導入し、サービスの支給決定の透明化、明確化を図ること
(5) 国の費用負担の責任を強化するとともに、応益負担の考え方を基本として、利用者が応分の費用を負担する制度（応益負担）を導入し、障害者サービスに必要とされる安定的な財源確保を図ること

　このように、本稿のテーマである、障害者がもっと「働ける社会」を目指すことが大きな柱の一つになっている。しかし、同法では、障害当事者の働く場面は、多様なものがあるにもかかわらず、「働く」＝「福祉的就労」と極めて限定しており、具体策としては、従来の福祉的就労（授産施設・小規模作業所）の仕組みを、(1) 一般就労への移行を支援する「就労移行支援事業」及び (2) 就労機会の充実を図るための「就労継続支援事業」（A型及びB型）として再構築したに過ぎない。

　根本的な問題は、残されたままであった。即ち、移行支援事業については、一般雇用対策との一体的協力関係を確立するには至っていない。就労継

続支援事業（A型）についてみるならば、雇用関係が成立しているにもかかわらず、応益負担を求める仕組みとなっており、また、B型については、労働の権利保障の仕組みからは、全く外され、従来の二元的な仕組みが温存されている。

雇用関係が成立しているならば、それは一般雇用であり、障害者雇用促進法の体系に移行すべきものであった。その様な議論も、長きにわたって潜在していたにもかかわらず、顧みられることはなかった。

障害者団体の関心は、専ら、応益負担に向けられ、「もっと働ける」＝「応益負担に耐えられる収入を得る」ようにするためには如何にすべきか（働き方）の議論は深められず、現実（極めて低い工賃、一般雇用への極めて低い移行率など）と目標（生計に足りる工賃、働きがいのある労働、労働関係法制の適用など）との乖離は埋められないままになっている。

行政関係者も、障害者団体関係者も、問題の本質に気づきながらも、やむを得ないものとして、抜本対策に向けた制度の構築への歩みは遅々たるものとなっている。

2　障害者自立支援法の一部改正案

自立支援法附則の見直し規定に対応して、「障害者自立支援法の一部を改正する法律案」が国会に上程（平成21（2009）年3月31日）された。

その内容についてみるならば、(1) 利用者負担の規定の見直しについては、応能負担が原則であることを法律上に明記することを明確化すること、(2) 障害者の範囲及び障害程度区分の見直し、具体的には、発達障害が含まれることを明記することに加えて、「障害程度区分」を「障害支援区分」とし、「必要とされる支援の度合い」（支援の程度）を総合的に区分するものであることを明確化し、支給決定にあっては、障害者を取り巻く環境を勘案すること、(3) 相談支援の充実として、市町村に、総合的な相談支援センターを設置し、自立支援協議会を法定化すること、(4) 障害児支援の強化として、障害種別施設を一元化すること、(5) 地域における自立生活支援策の充

実として、グループホーム、ケアホームの利用費用の助成が行われることなどの施策が規定されている。

　問題となった利用者負担（応益負担）の見直しや障害者の範囲及び支援の程度に着目した障害程度区分の見直し、地域での自立生活支援策の充実などについては、方向としては、評価すべきものである。特に、障害程度区分については、介護保険制度における高齢者の判定基準を基礎としたことから、知的障害・精神障害の場合には、障害の程度が重度であるのに、「身辺自立している」として判定され、必要なサービスが受けられないなどの問題が指摘され、抜本的な見直しが期待されていた。この場合、最も評価すべきは、従来の「医学モデル」ではなく「社会モデル」を基本とし、「障害の程度」ではなく、「必要とされる支援の度合い」に着目したことにある。

　上記のように、評価すべき部分もあるとは言え、本稿との係わりでみるならば、施策の大きな柱の一つであった障害者が、「もっと働ける」ようになるための条件整備策をはじめ、「就労移行支援事業」、「就労継続支援事業」などの仕組みについては、依然として温存され、解決の方向性すら示唆されていない。

　これに加えて、福祉的就労から一般雇用への移行を支援する職業リハビリテーションの仕組みをはじめ、OJT（On the Job Training）方式による施設外就労機会の提供、その間の事業主負担に即応した助成措置（給付金の支給など）については、労働施策の一環として整備すべきであるにもかかわらず、障害者雇用促進法との関連づけさえ十分に行われていない。

　この改正案は、幸か不幸か、審議は一度も行われることもなく、衆議院の解散にとって廃案となってしまった。特に、今後の障害者対策の推進に当たって、最も基本となる「障害程度区分」から「支援の程度」を区分する方向での見直しが提案されたものの、議論が深められこともなく、具体化への道筋が明らかにされなかったのは、誠に、残念なことであった。

第2章　国際的なスタンダードからみた問題点

第1節　障害者の権利条約及びILO条約・勧告

　以上のように、我が国においては、障害者の自立を支援する様々な法律が整備されてきた。その中心は、障害種別の福祉関係法制の整備であり、さらには、これを側面的に支えるためのアクセスや移動を容易にする都市や地域とするための「交通バリア・フリー法」「ハートビル法」といった環境整備法制の制定であった。

　しかし、その根底に流れる考え方は、社会参加や自立の機会を『恩恵的』に障害者に与えるものであり、既に指摘した様に、自立への努力義務を課すに過ぎず、それらを権利として保障するものではなかった。

　障害種別の福祉法制は、いずれにあっても、『権利』という用語は、みられず、差別を違法とし、これを禁止する規定もない。

　さらには、差別を受けた場合の救済のための有効な手段も用意されていない。自立支援法も、「自立支援」と標榜しながらも、旧態然とした法制度に止まり（権利保障という視点が全くない）、その目的を十分に達成することもなく、新たな法整備に道を譲ろうとしている。

　唯一の例外的な取り組みとも言える障害者基本法の平成23（2011）年の改正においては、差別禁止規定の整理に加えて、社会的障壁の除去に関する規定整備などがなされたものの、具体的な規定を整備すべき個別法制も制定されておらず、基本法の改正は、目的を十分に達成しているとは言えない。

　当然のことであるが、障害者は、たまたま、障害を持っているに過ぎず、あらゆる市民的権利を有する存在である。しかし、その様なごく当たり前の諸権利を、すべての障害者が享受しているかというと、現実は、必ずしもそうではない。補助犬を伴った障害当事者が、レストランの利用を拒否されたり、車いす利用者が、道路や通路の段差のために行く手を阻まれたり、働い

ている知的障害者が、能力を適切に評価されることもなく、低い給与水準のままであったりなどの事例は、枚挙に暇がない。

その様な現実を考えるとき、従来の障害者施策を、その延長線上に如何に充実させたとしても、問題の根本的な解決は難しいと言わざるを得ない。解決のためには、障害者を権利の主体として捉え、人間として、ごく当たり前に、それらを享受できる様にしなければならない。その様な法制の整備は、福祉国家としての当然の責務でなければならない。

国連人権（社会権）規約委員会（注1）は、平成13（2001）年8月31日、我が国政府に対して、「委員会は、締結国が、規約第2条2項にあげられた差別禁止の原則は絶対的な原則であり、客観的な基準に基づく区別でない限り、いかなる例外の対象となりえないという委員会の立場に留意するよう要請する。委員会は、締結国がこのような立場に従って、差別禁止立法を強化するよう強く勧告するものである。」（第39項）、「委員会は、締結国が、障害のある人々に対する差別的な法規定を廃止し、かつ障害のある人々に対するあらゆる種類の差別を禁止する法律を採択するよう勧告する。」（第52項）としている。

委員会勧告が発出されたことは、我が国の障害者関係法制が、国際社会の大きな流れに即応しおらず、著しく立ち後れていることの証とも捉えることができる。

一方、国連においては、平成13（2001）年12月の第56回国連総会において、メキシコ提案になる「障害者の権利及び尊厳を保護・促進するための包括的総合的な国際条約」決議案が採択され、人権条約を新たに採択するための議論が深められていった。そして、平成18（2006）年12月に、「障害者の権利条約」（Convention on the Rights of Persons with Disabilities）が採択された。

障害者の働くことを含む生活全般における権利を如何にして保障していくかと考えるとき、我が国固有の労働市場の仕組みと雇用慣行があるとしても、まずは、世界のスタンダードである「障害者の権利条約」に学び、これ

を基本として、我が国の施策には何が欠けているかを知ろうとする姿勢を基本としなければならない。

労働の権利保障について考える場合に、もう一つの国際的なスタンダードであるILO（国際労働機関）（注2）の条約及び勧告も重要となる。

ILOは、世界各国で働くすべての労働者のために、その労働条件と生活水準の改善を目的とした活動を展開しているが、その対象には当然のことながら、障害労働者（職業的自立を目指して努力している障害求職者含む）も含まれるものであり、かつ、一般労働者と異なる支援策も必要とされることを勘案して、世界各国において、障害者が職業リハビリテーションのサービスを受け、平等に雇用の機会を得られるようにするため、サービスの基本的な指針となるいくつかの条約・勧告を採択している。

障害者の権利条約と同様に、ILO条約・勧告に学ぶ姿勢は大切であるので、併せて、言及することとしたい。

第2節　障害者の権利条約の視点からみた問題点

平成18（2006）年12月に採択された「障害者の権利条約」の意味するところは、これまでの様に、(1) 障害者を「保護と恩恵」の対象とするのではなく、(2) 障害者は人間であり、生きる主体であり、あらゆる権利をもつ存在と捉え、(3) その権利を行使する上での様々な差別を無くそうとするものである。

それは、当事者主義という流れ、そして、個人の権利の尊重と擁護、尊厳のある生き方の尊重、障害者にあっても人生の質（QOL：Quality of Life）の向上が重要であると言った視点からは、ごく当然の帰結として理解される。この条約を受けて、世界各国は、それぞれの国内事情に応じた、障害者差別禁止のための総合的な法制度の整備が進められている。

ここでは、本稿のテーマである働くことに係わる権利条約の条文についてみることとしたい（日本文は、外務省仮訳によることとしたが、条約の趣旨を適切に伝えきれない部分もあるので、あえて、英文を付した）。

1 障害(者)の捉え方・定義(第1条関係)

議論を深めるに当たって基本となるのは、障害(者)の捉え方及び定義であるので、まず、これについてみることとしたい。

(1) 障害(者)の捉え方

障害(者)の捉え方について、権利条約は、その前文において、「(e) 障害が、発展(形成途上にあるの意)する概念であり、並びに障害者と障害者に対する態度及び環境による障壁との間の相互作用であって、障害者が他の者との平等を基礎として社会に完全かつ効果的に参加することを妨げるものによって生ずることを認め、」(Recognizing that disability is an evolving concept and that disability results from the interaction between persons with impairments and attitudinal and environmental barriers that hinders their full and effective participation in society on an equal basis with others) と規定し、障害概念は、今後の医療・保健・福祉サービス、さらには、社会システムや障害補完技術の発達などによって、進化・発展するものであることを踏まえつつ、「障害が環境による障壁との相互作用の結果として生ずるもの」であり、これが、「障害者が他の者と平等に完全かつ効果的な社会参加」を妨げることを明らかにしている。

この障害者概念は、WHOが、平成13(2001)年5月に採択した「国際生活機能分類(ICF:International Classification of Functioning, Disability and Health)」(注3)において、障害者を含むすべての人たちを取り巻く社会的な状況(環境因子)などによって、「活動(制限)」及び「参加(制約)」が起こるメカニズムを明らかにしたことに対応したものである。

権利条約の障害者の定義は、従来の「医学モデル」を脱却した新たな定義(社会モデル)として評価できるものである。最も重要なことは、このように定義することによって、障害当事者の持つ機能障害と「環境による障壁との相互互作用」の結果生じてくる問題(「活動制限」又は「参加制約」)の改善に、関係者の関心と注意を向けることとなり、従来の医療・保健・福祉サ

ービスといった分野に限らず、広く、様々な学問領域（工学、建築学など）の研究成果、最新技術の適応に大きく道を開いたことである。

因みに、権利条約では、第4条1（g）において、「障害者に適した新たな技術（情報通信技術、移動補助具、装置及び支援技術を含む）であって、妥当な費用であることを優先させたものについての研究及び開発を約束し、又は促進し、並びにその新たな技術の利用可能性及び使用を促進すること。」（(g) To undertake or promote research and development of, and to promote the availability and use of new technologies, including information and communications technologies, mobility aids, devices and assistive technologies, suitable for persons with disabilities, giving priority to technologies at an affordable cost）と規定している。

しかし、新たに開発されるこの種の機器は、ユニバーサルデザイン（注4）の視点を基礎とするものの、大量生産されるものではなく、ある程度の高額の負担を求められることは当然にあり得る（個別的に付加的な改良を加えるとすれば、経費負担はさらに上乗せされる）。

特に、本稿のテーマである働くことに関してみれば、この種の機器は、障害者の雇用の成立・維持・向上の上において、極めて有効なものであるが、企業に大きな負担を求めることも想定されることから、適切な助成の仕組み（財源をどこに求めるかを含めて）も整備しておくことが必要となる。

(2) 障害（者）の定義（第1条関係）

権利条約は、これを基礎として、第1条の目的規定前段において、「この条約は、すべての障害者によるあらゆる人権及び基本的自由の完全かつ平等な享有を促進し、保護し、及び確保すること並びに障害者の固有の尊厳の尊重を促進することを目的とする。」とし、対象となる障害者に関し、同条後段において、「障害者には、長期的な身体的、精神的、知的又は感覚的な障害を有する者であって、様々な障壁との相互作用により他の者と平等に社会に完全かつ効果的に参加することを妨げられることのあるものを含む。」

第2章 国際的なスタンダードからみた問題点

(The purpose of the present Convention is to promote, protect and ensure the full and equal enjoyment of all human rights and fundamental freedoms by all persons with disabilities, and to promote respect for their inherent dignity. Persons with disabilities include those who have long-term physical,mental,intellectual or which in interaction with various barriers may hinder their full and effective participation in society on an equal basis with others.) と規定している。

従来、感覚的な機能障害(sensory impairments)については、身体的な機能障害(physical impairments)に含められてきた。因みに、我が国の身体障害者福祉法においても、身体障害者とは、(1) 視覚障害、(2) 聴覚又は平衡機能障害、(3) 音声機能、言語機能又はそしゃく機能の障害、(4) 肢体不自由、(5) 内部障害に区分されてきた。しかし、権利条約の定義では、感覚的な機能障害を、身体的な機能障害とは別に規定し、より明確に整理している。

さらに、ILO・職業リハビリテーション及び雇用(障害者)に関する条約(第159号)(昭和58(1983)年)においては、「障害者とは、正当に認定された身体的又は精神的障害のため、適当な職業に就き、これを継続し及びその職業において向上する見通しが相当に減少している者」(the term disabled person means an individual whose prospects of securing, retaining and advancing in suitable employment are substantially reduced as a result of a duly recognized physical or mental impairment) と定義され、精神的(mental)という表現には、「精神障害」と「知的障害」を含めてきた。しかし、権利条約の規定においては、「精神障害」を、精神的(mental)と知的(intellectual)に区分し、障害概念をより一層明確に整理している。この様な概念整理は、高く評価すべきものである。

また、権利条約の障害者の定義では、身体的、精神的、知的又は感覚的な障害の前に「長期的な」(long-term)という規定があることに注意を要する。

我が国においては、障害者の認定に当たって、「症状が固定していること」が強調されてきた。因みに、身体障害者福祉法別表においては、「視覚障害で、永続するもの」、「聴覚又は平衡機能の障害で、永続するもの」、「一上肢、一下肢又は体幹の機能の著しい障害で、永続するもの」、「心臓、じん臓又は呼吸器の機能の障害その他政令で定める障害で、永続し、かつ、日常生活が著しい制限を受ける程度であると認められるもの」などの様に、「永続するもの」と規定することによって、障害の固定をその要件としてきた。

　この結果、本来であれば、サービスの対象とされるべきものが排除されるなどの問題が指摘されてきた。これは、我が国の障害（者）概念が、「医学モデル」の考え方を基本としてきたことから必然的に生ずる問題であるが、権利条約では、「長期的な」という表現によって、障害の固定という概念を脱却していることは、評価できる。

　今後、国内法の整備に当たっては、障害者基本法における「障害及び社会的障壁により継続的に日常生活又は社会生活に相当な制限を受ける状態」（第2条）といった規定、さらには、障害者雇用促進法における「長期にわたり、職業生活に相当の制限を受け、又は職業生活を営むことが著しく困難」（第2条）といった規定についても、権利条約の規定に即応した見直しが求められる。

　しかし、定義の整理をすれば、それで良いというものではない。平成22（2010）年1月7日の「基本合意文書」においても、「障害程度区分制度の廃止を含めた抜本的な検討を行うこと」（後述）とあるように、新たな判定基準の整備が求められる。自立支援法にあっては、介護給付及び訓練等給付の内容・程度を決定するため、障害程度区分の制度が導入されたが、この区分は、介護保険法の介護認定のための項目（79項目）に、日常生活面項目（27項目）を加えた計106項目の調査結果を基礎とするコンピュータ判定（一次判定）を受けて、市町村審査会によって、医師の意見書その他を総合的に勘案しながら最終判定（二次判定）が行われる。この障害程度区分は、介護給付のみとリンクし、訓練等給付には用いられないとされているが、

第 2 章 国際的なスタンダードからみた問題点

106 項目の調査結果は、支給決定時のスコアーとして使用され、優先順位の判定にあっては考慮される。

これに関して、平成 16（2004）年度に実施された障害者の介護ニーズを判定する指標に関する調査研究において、「就労支援などに係る支援の必要度の判定には、介護給付に相当するサービスの判定に用いられるロジックとは別のロジックが必要と考えられる。」とし、「訓練等給付は、できる限り障害者本人の希望を尊重し、暫定的に支給決定を行った上で、実際にサービスを利用した結果を踏まえて正式の支給決定を行う。」（注 5）とされている。

本人の意向を尊重すべきは当然としても、限られた財源・組織でより高いレベルのサービスを効率的に展開するためには、サービスの対象者の範囲を規定するための「客観的判断基準」を用意しておくことが求められる。

これを勘案すれば、「障がい者制度改革推進会議中間まとめ」（第一次意見）（後述）の指摘する様に、「障害程度区分制度の廃止を含めた抜本的な検討」は当然のことである。障害者が、「他の者との平等を基礎として社会に完全かつ効果的に参加すること」を妨げている程度（支援の必要の程度と言い換えても良いと思われる）を明らかにし、必要に応じて、雇用対策やリハビリテーションのサービス過程において、手厚い措置の対象とする者の範囲を明らかにするためにも、妨げている程度（支援の必要の程度）を客観的に測定する方法論を確立するとともに、それを可能とする仕組み、人的体制及び組織を整備することが不可欠となる。

2　労働及び雇用（第 27 条関係）

次に、本稿のテーマである障害当事者が働くことに関して、権利条約は、どの様に規定しているかについてみることとしたい。

まず、第 27 条（Work and Employment・労働及び雇用）第 1 項においては、「1　締約国は、障害者が他の者と平等に労働についての権利を有することを認める。」（States Parties recognize the right of persons with disabilities to work, on an equal basis with others;）と規定されている。そ

して、「この権利には、障害者に対して開放され、障害者を受け入れ、及び障害者にとって利用可能な労働市場及び労働環境において、障害者が自由に選択し、又は承諾する労働によって生計を立てる機会を有する権利を含む。」(this includes the right to the opportunity to gain a living by work freely chosen or accepted in a labour market and work environment that is open, inclusive and accessible to persons with disabilities) と規定されている。

(1) 労働及び雇用の意味するもの

第27条において、「労働及び雇用(Work and Employment)」と規定されているが、ここにいう「労働」とは、「自然的存在としての人間の必要を満たすための生産活動」として捉えられ、そのうち、個人が生活を維持するため、収入を得る目的で継続的に遂行する仕事が「職業」と言われる。この職業には様々な要素が含まれるが、最もよく取り上げられるのは、(1) 個性の発揮、(2) 社会的役割の実現、(3) 生計の維持という3つの要素であるという説明である(注6)。この3つの職業の要素は、個々バラバラにあるのではなく、当然に、密接に結びついているとされる。

職業は、現代社会では、一般的は、「Employment」という形で実現される。我が国では、Employment =「雇用」と訳されているが、本来の意味するところはやや異なる。即ち、我が国で「雇用」という場合には雇用関係(具体的には、労働者が事業主の指揮監督を受けて、その規律の下に労働を提供し、その提供した労働の代償として事業主から、賃金、給料その他これに準ずるものの支払を受けている関係をいう。)が成立している場合のみに使われるのに対し、「Employment」は、この関係が成立していない就業も含めた広い概念であることに留意しなければならない。因みに、アメリカのリハビリテーション法（昭和48 (1973) 年）に基づくリハビリテーションの目標たる「Employment」は、「競争的（一般の）労働市場はもとより、自営業、家事労働、農業又は家内作業（報酬が現金でなく現物で支給される仕事を含む)、保護的雇用就労、在宅雇用就労、その他収入を伴う仕事」と

されている。

ところで、我が国において、障害当事者が賃金や報酬を得て働く、いわゆる一般雇用は、その形態がどの様なものであれ、当然に、権利条約第27条（労働及び雇用）の範疇に含まれるものであり、疑問の余地はない。

しかし、福祉的就労については、昭和26年基収第3281号厚生省社会局長通知（昭和26年通達）（注7）によって、これに携わる障害者にあっては、労働者性は認められないとして、労働関係法制（労働基準法、最低賃金法など）を適用しないという取り扱いが行われてきた経過から、これに含まれるか否かに疑義が生ずるかもしれない。

自立支援法による新体系への移行に伴って、労働基準法第9条の労働者と認めるか否かについて疑義が生じてきたため、平成19年通達（後述）によって同通達は廃止され、個別の事案ごとに作業実態を総合的に判断し、使用従属関係下にあると認められる場合には、労働基準法第9条の労働者として取り扱う道が開かれた。

したがって、福祉的就労にあっても、権利条約第27条（労働及び雇用）の範疇に含まれるものと解さなければならない。仮にも、この範疇にないものとして位置づけるならば、権利条約の規定から外れることとなり、福祉的就労は、内在する問題の抜本的な解決への道を確実に絶たれてしまうこととなる。

(2) 労働の権利

第27条第1項において最も重要なことは、「障害者が他の者と平等に労働についての権利を有することを認める。」と規定し、障害当事者は、労働の機会を恩恵的に「与えられる存在」ではなく、「労働の権利」の主体であることを宣言していることである。そして、その権利の行使に当たって、障害当事者は、アメリカのリハビリテーション法に規定される「Employment」の様々な選択を行うとしても、「他の者との平等」を基礎としなければならないと規定していることである。

即ち、例えば、障害当事者が、公共機関の利用を求められる一般雇用が難しいことを理由として、在宅雇用や自営業などに従事することもあろう。あるいは、障害の特性に応じて、短時間勤務や派遣労働のなどに従事することもあろう。

しかし、これらに選択を行う障害者の割合が、障害当事者以外の者と比較して、著しく高い（平均的に）ということは、あってはならないことを意味する。ここにいう、権利保障は、その様な意味を込めたものであることを理解しておかなければならない。

そして、この権利には、障害者が、雇用（一般企業、公的機関での雇用を問わない）を求めてチャレンジしようとする場合の「労働市場及び労働環境」は、「障害者に開放され（open）、かつ、障害者を受け入れ（inclusive）、利用可能な（accessible）」ものを求めることを含むとする。即ち、労働市場及び労働環境は、障害当事者にとって、敷居の高いものや拒否する様なものであってはならいとする。

この様な状態を実現するためには、「労働市場及び労働環境」における障壁そのものを無くすための政策努力（一方の当事者である企業においても努力することが求められる）は勿論、障害当事者のチャレンジを側面的に支援するサービス組織の努力も同様に求められる。

様々な選択肢の中からどの様な労働を選択するかは、「障害当事者の自由な選択又は承諾」によらなければない。決定の過程には、いわゆる専門職をはじめ、ピア（peer：仲間）と言われる人たちも係わるとしても、最終的には、当事者主体の原則が守られなければならない。

権利条約は言及していないものの、この過程では、当然に、「インフォームド・コンセント」（説明と同意）が重要となる。

(3) 労働及び雇用の対価

さらに、権利条約第27条は、労働及び雇用の権利には、「労働によって、生計を立てる機会を有する権利を含む。」としていることが重要である。即

ち、労働の対価、賃金、報酬、工賃など、呼び方は異なっても、この要件を満たさなければならないことを明らかにしている。ただただ、働く機会があれば良いと言うことであってはならない。

　この規定からすれば、一般雇用にあっても、著しく賃金が低く抑えられているなどの事例（特に、知的障害のある雇用労働者の場合など）は、問題となるので、この要件を満たすための法的な規制の在り方などが検討されなければならない。

　福祉的就労にあっても、労働関係法制の適用の道が開かれたことから、(1) 生計を営むに相応しい賃金を得られる様な付加価値の高い仕事の開発・受注確保、(2) 作業を効率的に遂行するに必要とされる能力の開発・向上機会の確保、(3) 障害の特性に応じた合理的配慮（施設設備の改善、作業環境の整備、人的な支援など）の努力がなされなければならない。

(4)　障害者の労働市場及び労働環境

　次に、第27条の後段の「障害者の労働市場及び労働環境は、障害者に開放され、かつ、障害者を受け入れ、利用可能なもの」「それらは、障害当事者の自由なる選択又は承諾によるもの」という規定に関して、我が国はどの様な問題があるかを指摘したい。

　まず、前段の労働市場についてみるならば、障害求職者は、公共職業安定所において、障害当事者であるという理由のみで、特別の求職登録制度に組み込まれる。この結果、一般労働市場で戦える障害者にあっても、障害者の労働市場（中小企業や特例子会社など）という極めて狭い中での求職行動を余儀なくされてしまう。これは、一見、障害求職者に配慮したものであり、その様な措置を講ずることによって、雇用の成立とその維持を容易にしてきたことは否定できないものの、その一方で、結果としては、チャレンジの機会を奪い、選択肢を狭めることになるという懸念も指摘される。

　ここにおいて、最大の問題は、この業務に係わる職員は、特別の求職登録制度が、その様な問題へと繋がることに気づいていないことである。

自分の希望する雇用形態・内容・労働条件を実現するために、障害当事者がチャレンジする（時には、リスクおかすことも含めて）ことは、個々の障害者自身の判断によるべきものであり、それに応じ、自由なる職業選択を可能とする仕組みが保障されていなければならない。併せて、それを可能とする多様な選択肢が、地域において用意されなければならない。そのためには、障害当事者が働くこととなる地域企業の労働環境は、障害当事者を排除し、拒否したりする様なものであってはならず、ハード・ソフト両面にわたる合理的配慮が前提となる。この視点から見れば、地域企業の労働環境の整備は、必ずしも十分とは言えない。例外的な存在として、特例子会社をあげることができる。ここにおいては、ハード・ソフト両面にわたる合理的配慮は十分に行われているとは認められるものの、多数の障害者を集中的に雇用するもので、実態から言えば、必ずしもノーマルな職場とは言えない。何故に、特定の種類の障害者（主として、知的障害者）がこの仕組みに閉じ込められるのかとの根本的な問題も指摘される。

　我が国には、求職登録や特例子会社など、障害当事者のみのための特別の仕組みがみられる。これによって改善がなされ、結果としては、良いことであるとの意見もみられる。しかし、これらの特別の仕組みの最大の問題は、権利条約第27条に規定する「障害者が他の者と平等に労働についての権利を有することを認める。」という趣旨から逸脱し、障害当事者の選択肢を狭めることに繋がり、結果的には、障害当事者を雇用する（雇用しようとする）企業における労働環境の改善を阻害する側面も否定できない。

　障害者を受け入れる「インクルーシヴ（Inclusive）」な職場は、障害当事者にとって有用であることは勿論であるが、障害のない従業員にとっても、障害者についての理解を育む上で有用であり、それを通じて、障害当事者を同等の権利を持つパートナーとして認識させる。それは、企業そのものの成熟であり、さらには、地域社会の成熟に繋がる。この意味で、第27条の規定は、極めて重要なものと言うことができる。

(5) 権利の実現を保障し、促進する措置

　第27条（労働及び雇用）第1項の後段において、「締約国は、特に次のことのための適当な措置（立法によるものを含む。）をとることにより、労働についての障害者（雇用の過程で障害を有することとなった者を含む。）の権利が実現されることを保障し、及び促進する。」(States Parties shall safeguard and promote the realization of the right to work, including for those who acquire a disability during the course of employment, by taking appropriate steps, including through legislation, to, inter alia:）と規定されている。

　この場合、「障害者」には、「雇用の過程で障害者となった者を含む。」との規定に注意しなければならない。これは、どの様な労働者であれ、労働災害や通勤途上災害のために、障害者（中途障害者）となる場合があり得ることを想定したものである。

　同時に、中途障害者については、その他の障害者とは異なり、当該者を雇用している企業において、まずは、雇用維持のための努力、具体的には、できる限り早期の職場復帰を目指し、リハビリテーションのサービスを受ける機会を保障するとともに、障害当事者のニーズに合わせて労働環境を整備（合理的配慮）する必要があり、他の障害者とは異なる方策が求められることに配慮したものである。

　雇用の過程で障害者となった者を含む障害当事者の権利の実現を保障し、促進するため、権利条約は、次の様な措置を掲げている。ここでは、それぞれの措置について、重要な点を指摘しておくこととしたい。

1）　雇用差別の禁止
　権利条約第27条は、具体的な措置の第一番目に、「(a) あらゆる形態の雇用に係るすべての事項（募集、採用及び雇用の条件、雇用の継続、昇進並びに安全かつ健康的な作業条件を含む。）に関し、障害を理由とする差別を禁止すること。」((a) Prohibit discrimination on the basis of disability with

regard to all matters concerning all forms of employment, including conditions of recruitment, hiring and employment, continuance of employment, career advancement and safe and healthy working conditions;) と規定し、雇用に係わる一切の差別禁止を宣言している。

　「あらゆる形態の雇用に係る」と規定されていることに注意すべきである。「雇用」と訳されているが、「Employment」の本来の意味を勘案するならば、多様な就業形態の働く場が含まれるものである。我が国の雇用システムに即してみるならば、一般雇用にあっても、従来型の長期雇用システム型に限定すべきものではなく、契約社員、派遣社員、パート社員、在宅勤務など様々な雇用形態があり、働き方についても、通常の週5日・40時間労働を中心としつつも、短時間労働、裁量労働、フレックスタイムなど多様なものがあることを念頭に置くべきである。さらには、アメリカのリハビリテーション法に規定されるように、自営業や保護的雇用就労（福祉的就労）をも含まれる。

　その様な広い意味での雇用における差別を禁止するというのが、本条の意味するところであって、雇用を「一般雇用（一般企業、公的機関における雇用を問わない）」に限定して、狭く捉えることがあってはならない。

　次に、障害を理由とする差別の禁止には、雇用に係るすべての事項として、「募集、採用及び雇用の条件、雇用の継続、昇進並びに安全かつ健康的な作業条件を含む。」と規定されている。これは勿論、制限列挙（これ以外のことは含めないという意味）の趣旨ではなく、「あらゆる形態の雇用に係るすべての事項」と規定されていることから、あくまで例示と考えられる。この場合、障害者基本法において差別禁止規定を盛り込んだ改正が、実質的に機能しなかった経過を十分に勘案しなければならない。権利条約に対応した国内法の整備に当たっては、包括的な差別禁止法制（権利条約の規定に極めて近いものとなることが予測される）の制定に併せて、個別法（障害者雇用促進法の見直しを含む）における規定の整備に併せて、何をもって、雇用に係わる差別・不利益となるのか、可能な限り具体化したものが求められ

第2章 国際的なスタンダードからみた問題点

る。

この検討に当たっては、昭和60（1985）年に、国連において、「女性差別撤廃条約」が採択され、「雇用の分野における男女の均等な機会及び待遇の確保等に関する法律」が制定されるとともに、「労働者に対する性別を理由とする差別の禁止等に関する規定に定める事項に関し、事業主が適切に対処するための指針」（平成18（2006）年厚労省告示第164号）において、雇用管理区分、募集・採用、配置、昇進、教育訓練、福利厚生、職種の変更、雇用形態の変更、退職勧奨、定年、解雇、労働契約の更新など、採用から退職に至るすべての過程において、事業主が適切に対処すべき指針が、具体的に定められたことに学ばなければならない。

この指針に学びつつ、いわば、障害当事者版の指針の整備が必要となるが、このためには、これまでの障害者雇用施策の進行過程において問題となってきた事項を整理しつつ、指針に盛り込むことが重要となる。即ち、享受すべき労働の権利保障の内容（理念レベル）整理に併せて、雇用の現場で何が起こっているのか、その様な場合において、何が、雇用差別となるのか（現場レベル）を明らかにしつつ、新たな指針を作成することが必要となる（この場合、告示レベルで定めるのが適切と考えられる）。既に、障害者雇用に関しては、長年の実績があることから、問題を体系的に整理するならば、この指針の作成はさして難しい課題とは思われない。

2）　公正かつ良好な労働条件

障害当事者の雇用及び労働は、実現すれば、それで良いものではない。その成立は勿論、その維持・向上の過程において、当然のことながら、公正かつ良好な労働条件についても問われなければならない。このため、権利条約では、「(b) 他の者と平等に、公正かつ良好な労働条件（例えば、均等な機会及び同一価値の労働についての同一報酬）、安全かつ健康的な作業条件（例えば、嫌がらせからの保護）及び苦情に対する救済についての障害者の権利を保護すること。」(Protect the rights of persons with disabilities, on an equal basis with others, to just and favorable conditions of work, including equal opportunities and equal remuneration for work of equal value, safe and healthy working conditions, including protection from harassment, and the redress of grievances;）と規定し、公正かつ良好な労働条件とは、どの様なものかを具体的に明らかにしている。

　ここで、重要なことは、労働条件は、「他の者との平等」を基本として「公正かつ良好、安全かつ健康的な作業要件」でなければならないことである。これを満たす労働条件として、権利条約は、均等な機会と同一労働・同一報酬を上げているが、「例えば」、とある様に、制限列挙の趣旨ではないこと（あくまで例示であること）に注意しなければならない。また、安全かつ健康的な作業条件として、同様に、嫌がらせからの保護があげられているが、これも、同趣旨であることに注意しなければならない。

　なお、「嫌がらせ」は、原文では、「harassment」である。この用語の本来的な意味は、「相手側の意に反する不適切な発言、行為などを行うことによって、相手側に不快感や不利益を与え、又は相手側を差別的若しくは不利益な取扱いをすることによって相手側の人権を侵害し、教育研究・学習及び労働環境などを悪化させること」とされ、「不快さ」の判断は、ハラスメントを受けた当事者の判断によるものとされている。「嫌がらせ」という訳語は、必ずしも、その意味するところを正しく伝えていないことに注意を要する。

　そして、「公正かつ良好な労働条件、安全かつ健康的な作業条件」に違反する場合や障害当事者以外の労働者との間に著しい乖離があるなどの場合には、障害当事者は、その改善を求めることとなる。このため、(b) の後段においては、当事者は、「苦情に対する救済についての障害者の権利を保護すること」を規定し、この権利を担保している。

　一般的には、改善を求める方法としては、司法への道がある。しかし、司法においては、解決に至るまでには身体的・経済的な大きな負担を伴うのが通例であり、たとえ、勝訴したとしても、苦情からの実質的な救済が行われ

ないこともあり得る。この部分の規定は、この様な事態をあらかじめ想定して、司法とは別の「簡易・迅速な救済の仕組み」が必要不可欠であることを指摘したものである。

我が国の障害者関係法制においては、このための規定はないので、権利条約を批准するに当たっての国内法の整備には、そのような救済の仕組みの構築が求められる。

これについても、国連の「女子差別撤廃条約」の批准に当たって、「雇用の分野における男女の均等な機会及び待遇の確保等に関する法律」が制定され、関係規定が整備されたことが参考となる（注8）。

3） 労働組合

障害者が働くという場合にあっても、労働者として認められる諸権利の行使が担保されなければならい。このため、権利条約第27条は、「(c) 障害者が他の者と平などを基礎として、労働及び労働組合についての権利を行使することができることを確保すること。」((c) Ensure that persons with disabilities are able to exercise their labour and trade union rights on an equal basis with others;）と規定している。

我が国においても、憲法第28条において、「勤労者の団結する権利及び団体交渉その他の団体行動をする権利（労働三権）は、これを保障する。」（注9）と規定されている。

一般雇用については、雇用障害者は、企業規模の大小や雇用の形態を問わず、労働基準法上の労働者として労働三権が保障され、労働関係法制が適用される。しかし、福祉的就労については、労働関係法制は適用されておらず、労働三権は保障されていない。既にみた様に、福祉的就労であっても、権利条約に規定する「労働及び雇用」の概念に含まれるので、これを一般雇用の一形態として位置づけ、権利条約の批准に当たっては、当然に、労働法を適用する方向での国内法の整備が求められる。

4) 職業紹介サービス

障害者の雇用の成立・維持・向上の過程（注10）において、リハビリテーション（主としては、職業リハビリテーションのサービス）は、大きな役割を果たす。

このため、権利条約は、第27条において、「(d) 障害者が技術及び職業の指導に関する一般的な計画、職業紹介サービス並びに職業訓練及び継続的な訓練を効果的に利用することを可能とすること。」((d) Enable persons with disabilities to have effective access to general technical and vocational guidance programmes, placement services and vocational and continuing training;)」と規定している。

権利条約に規定する「労働及び雇用」の実現に向けてのスタートは、「技術及び職業の指導に関する一般的な計画」の策定にある。これは、個々の障害者の能力を職業的視点から評価（職業評価）し、一方において、労働市場の状況をみながら立案されるもので、一般的には、職業リハビリテーション計画と言われ、策定された計画に基づいて、「職業紹介サービス並びに職業訓練」のサービスが提供され、雇用の成立が図られる。

雇用の成立後にあっても、その維持・向上過程において、さらなる能力向上や職務内容の変化・転換などに伴って新たな能力開発機会などが必要とされることから「継続的な訓練」も重要となる。

第27条の(d)に規定される継続的な能力開発・訓練機会の充実は、雇用の維持・向上の過程において極めて重要なものである。しかし、我が国の職業リハビリテーションのサービス（職業評価、職業指導、職業前・職業訓練、職業紹介など）においては、雇用の成立には大きな重点が置かれるが、雇用が成立した時点で、原則として、サービスは終了となる（継続的な指導が行われるとしても、期間は限定されている）。「継続的な訓練」は、障害者に特有の問題ではなく、就職後にあっても様々な能力開発の機会が保障されている一般労働者と同等の機会を保障するという視点を忘れてはならない。

5） 機会の拡大その他の支援

　障害当事者の雇用機会が、労働市場において一般健常者に比較すれば、制約されている現実を勘案すれば、雇用機会の拡大その他の措置が必要とされる。このため、権利条約においては、「(e) 労働市場において障害者の雇用機会の増大を図り、及びその昇進を促進すること並びに職業を求め、これに就き、これを継続し、及びその職業に復帰する際の支援を促進すること。」(Promote employment opportunities and career advancement for persons with disabilities in the labour market, as well as assistance in finding, obtaining, maintaining and returning to employment;)」と規定されている。

　ここで重要なことは、権利条約のこの規定は、労働市場における障害当事者の「雇用機会の増大」のみを規定しているものではないことである。「及びその昇進を促進すること」とある様に、障害当事者の貢献に応じた昇進の機会をも促進するものでなければならない。さらに、「職業を求め、これに就き、これを継続し、」と規定し、このために必要な「支援」の重要性をも指摘している。このことは、ILO第159号条約第1条第2項の「職業リハビリテーションの目的」規定と同趣旨である。

　さらに、障害者には、雇用の過程で障害を有することとなった者（中途障害者）を含むことに即応して、解雇するなどの措置を講ずることなく、まずは「その職業に復帰する際の支援を促進」を求めている。職業復帰への支援は、地域におけるリハビリテーションのサービス施設との密接な連携の下に実施されるが、当該障害者を雇用している企業が、第一義的な責務を担うことは当然である。しかし、障害者雇用促進法などにおいては、企業が早期にリハビリテーションのサービスを行うべき（企業が、その責務として、自ら実施する場合もあろうし、地域の関係施設に依存する場合もあろうが）とする規定は整備されていない。

　国内法の整備に当たっては、中途障害者の職業復帰への支援に当たって、企業として如何に対応すべきかを明らかにし、企業の責務・役割に係る規定整備が求められる。

6) 起業支援

権利条約の求める「労働及び雇用」は、一般企業・公的機関のみによって実現されるものではない。

障害の特性（例えば、移動に困難をもつ障害者）に応じて、IT技術を活用した起業支援なども、障害当事者の労働の権利を実現する上において、重要な役割を占める。このため、権利条約においては、「(f) 自営活動の機会、起業能力、協同組合の発展及び自己の事業の開始を促進すること」（Promote opportunities for self-employment, entrepreneurship, the development of cooperatives and starting one's own business;）」と規定されている。

リハビリテーション（職業）の主たる目標は、一般雇用に置かれるが、既にみたように、「Employment」は、我が国の「雇用」の概念より広いものであり、いわゆる自営業（起業）も、「障害者が他の者と平等に労働についての権利を有することを認める。」という場合の選択肢の一つとなることを明確にしたものである。起業支援には、技術的・資金的・能力開発が一体となった総合的な支援策が重要となるが、これまでの障害者雇用施策においては、必ずしも十分でなかった（在宅で働く障害者へ仕事を発注する事業主に対して、特例調整金や特例報奨金を支給するなどの制度は創設されてはいるが）ので、国内法の整備に当たっては、この規定を受けて、起業支援のためのより多様な具体策を盛り込むこと（必要に応じ特別立法の制定）が求められる。

7) 公的部門における雇用促進

公的機関にあっても、地域の雇用の場と捉えることができる。このため、権利条約は、第27条において、「(g) 公的部門において障害者を雇用すること。」（Employ persons with disabilities in the public sector;）」と規定している。

我が国の雇用率制度において、公的部門については、「一般の民間企業の障害者雇用率を下回らない率をもって定める」との規定を受けて、一般企業

より高いレベルの法定雇用率（一般の民間企業：1.8％、独立行政法人など：2.1％　国・地方公共団体：2.1％、都道府県などの教育委員会：2.0％）が設定され、率先垂範して、障害当事者を雇用すべきことが義務づけられている。しかし、義務づければそれで終わりとするものであってはならない。障害の特性に応じた職員採用試験の実施（視覚障害者のための点字試験、筆記に困難を持つ障害者のための試験時間延長の配慮など）、さらには、職務の遂行を容易にする合理的配慮が強く求められる。

現行の障害者雇用促進法においては、公的部門には納付金制度が適用されていないことから、合理的配慮のための経費負担は、すべて、採用当局の責任となっている。このため、合理的配慮への投資も、行政運営に必要な経費の中から負担することとなる。組織的にも規模が大きく、潤沢な財源措置を有する公的部門もあれば、そうでないものもある。したがって、障害者が必要とする合理的配慮が確実に実施される保障はないと言っても過言ではない（スロープを設置するなどの投資（1回限り）は実施されたとしても、例えば、視覚障害者のために朗読者、聴覚障害者のために手話通訳者を配置するなどの措置については、継続的支援のために多額の負担となり、困難を伴うことが多い）。

この結果として、財源規模の小さな組織にあっては、採用後の継続的な勤務を難しくするなどのことも想定される。公的部門についても、合理的配慮に係る必要経費の一部を助成するなどの措置の導入（例えば、共済制度で対応するなど）が必要不可欠となる。

8）　民間部門における雇用の促進

雇用差別禁止措置は、労働生活の質の向上に寄与するとしても、必ずしも、障害者雇用へのインセンティヴ（誘因）とはならないので、何らかの積極的な施策が必要となる。

このため、権利条約第 27 条においては、「(h)　適当な政策及び措置（積極的差別是正措置、奨励措置その他の措置を含めることができる。）を通じ

て、民間部門における障害者の雇用を促進すること。」(Promote the employment of persons with disabilities in the private sector through appropriate policies and measures, which may include affirmative action programmes, incentives and other measures;)」と規定し、雇用促進のための積極的な措置を求めている。

　我が国の雇用率制度・納付金制度は、この一環とも考えられる。これらの制度は、確かに、雇用の量的拡大に関しては成果を上げてきたと言えよう。しかし、事業主の関心は、法定雇用率を達成することにあり、障害者の労働生活の質の向上には、さほどの関心は払われていない（障害者雇用行政当局も同様である）。事業主が、障害当事者のニーズに併せて、環境条件や労働条件をデザインする努力は必ずしも十分とは言えない。障害者に、事実上の平等を促進し、又は達成するという場合、当然のことながら、質量ともに改善がなされてこそ、その政策は有意義なものと判断される。しかし、雇用率制度・納付金制度は、この要件を満たしているとは言えない。

　さらに、これら制度の根底にある考え方は、障害者は生産性が低いもの、企業にとっては、追加的経費負担を求められるマイナスの存在ということが前提となっている。そこには、障害当事者は、権利の主体とする考え方はない。この様な捉え方は、ICF（国際生活機能分類）の障害概念に合致するものではなく、「他の者との平等を基礎として」とする権利条約の理念からにはほど遠い。この視点からも、雇用率制度・納付金制度は、積極的な差別是正措置としてみなすことは難しい。

　雇用率達成のために設置される特例子会社制度については、雇用の改善に寄与するものとして、(h) に規定される「適当な政策及び措置」の一つとも考えられる。しかし、障害当事者を平等のパートナーとする発想をそこに見いだすことはできないし、障害者の雇用割合が極めて高いという実情からすれば、ノーマルな雇用からはほど遠いものがある。

　「障害者に対して開放され、障害者を受け入れ、及び障害者にとって利用可能な労働市場及び労働環境において、障害者が自由に選択し、又は承諾す

る労働によって生計を立てる機会」を保障するためには、地域の中に、障害当事者を包み込む様な「インクルーシヴ」な職場を生み出していくことが最大の目標でなければならない。

　身体障害当事者の河原正明は、「誰でも働ける環境を整備していくことが重要である。」とし、「障害者を含む多様な人々を包み込むような雇用機会の拡大は、社会的急務であろう。」（注11）と指摘する。正鵠を射た指摘である。

　特例子会社という特別の仕組みを作ることは、雇用率制度・納付金制度と同様に、権利条約の理念に沿った施策とはみなせない。したがって、これを積極的な差別是正措置として位置づけることは、適切な政策とは思われない。

9）　合理的配慮

　障害者の雇用の成立・維持・向上の過程において、障害の特性に応じたハード・ソフト両面にわたる合理的配慮は必要不可欠のものであることは論を待たない。このため、権利条約は、「(i) 職場において合理的配慮が障害者に提供されることを確保すること。」（Ensure that reasonable accommodation is provided to persons with disabilities in the workplace;)」と規定している。

　精神障害当事者のS.N.は、「精神障害者は、働けないのではなく、働く環境が出来ていない」と指摘する。これも、正鵠を射た指摘である。

　この規定は、上記の様な障害当事者の置かれた現状を勘案して、「合理的配慮が障害者に提供される」必要性を指摘したものであるが、合理的配慮を障害当事者の権利として位置づけるのか、障害当事者を雇用する企業の責務とするかを明確には示していない。

　ところで、権利条約第2条において、「合理的配慮とは、障害者が他の者と平等にすべての人権及び基本的自由を享有し、又は行使することを確保するための必要かつ適当な変更及び調整であって、特定の場合において必要と

されるものであり、かつ、均衡を失した又は過度の負担を課さないものをいう。」("Reasonable accommodation" means necessary and appropriate modification and adjustments not imposing a disproportionate or undue burden, where needed in a particular case, to ensure to persons with disabilities the enjoyment or exercise on an equal basis with others of all human rights and fundamental freedoms;) と定義されている。

　職場における合理的配慮についても、これを基本とすべきは当然であるが、まずは、障害当事者の考え方・意志を尊重することでなければならない。このため、障害者は、必要な合理的配慮を権利として要請できるものとし、事業主には、これへの応諾義務を課すことが望ましいと考えられる。併せて、応諾義務違反があれば、何らかの罰則の適用も当然に考えられなければならない。しかし、合理的配慮を事業主の応諾義務とし、その実施を事業主の責務としたとしても（何らかの罰則を適用するとしても）、それだけで、合理的配慮が確実に実施されるという保障はない。極めて多額の投資を伴うものまでも、事業主の責務とすることは適切ではないことは当然としても、「過度の負担を課さないもの」であっても、すべてを事業主の負担とすれば、民間企業（公的機関）における経済的負担能力の格差は極めて大きいので、合理的配慮の徹底は難しいことも否定できない。

　したがって、合理的配慮とは何か、その範囲・程度を整理し、事業主にどこまでの負担を求めるかについての検討が必要となる。併せて、合理的配慮に伴う経済的な負担をどの様に調整する（一部を助成するなど）かについても考えておかなければならない。

　現行の障害者雇用促進法においては、事業主が講ずる合理的配慮に相当する措置については、納付金を財源とする助成措置が講じられているが、この納付金財源は、雇用が進めば、当然に、減少するので、安定的な財源とは言えない。雇用率制度を積極的差別是正措置と位置づけないならば、それと一体的に運営される納付金制度は廃止となるので、新たな財源措置の在り方を検討することが不可欠となる。この場合、民間部門については、雇用保険制

度などで対応し、一方、公的部門については、共済制度で対応するなどの措置が考えられる。

10) 実務経験の取得

　障害者のリハビリテーションのサービスは、一般的には特定の施設（例えば、国立職業リハビリテーションセンター、障害者職業訓練施設など）において行われる。特定の施設の訓練環境は、障害の特性に応じた様々な工夫がなされ、実際の職場環境との間には大きな違いがあることから、両者のギャップを埋めることが重要となる。この様な場合、現実の職場を活用した実務経験は、極めて有効に機能し、雇用の成立・維持・向上に大きく寄与するものである。

　このため、権利条約では、「(j) 開かれた労働市場において障害者が実務経験を取得することを促進すること。」(Promote the acquisition by persons with disabilities of work experience in the open labour market;)」と規定されている。

　この規定において重要なことは、「開かれた労働市場」、つまり、職業リハビリテーション施設や授産施設などの特定の施設ではなく、地域の一般企業が実務経験を得る上において、重要な場となるとしていることである。

　規定は、実務経験が、如何なるものかについての言及はないが、我が国の例で言えば、福祉的就労から一般雇用への移行に当たって、現実の雇用の場を活用したOJT方式による訓練、一般雇用の促進のための制度である職場適応訓練、トライアル雇用などがこれに該当すると思われる。

　しかし、その様な機会の提供は望ましいことではあるとしても、事業主にとっては負担となることは否定できない。このため、障害者が容易に実務経験を取得できる様にするためには、地域の事業主に対しては、障害者のニーズに合致する実務経験を積極的に与えることを奨励する措置（例えば、訓練の実施に係わる人材の人件費の一部助成など）の整備も重要となる。これに併せて、実施内容（実際の作業環境でその作業に慣れるための適応訓練、技

術の向上のための訓練など)、制度の実施主体(現在は、公共職業安定所)などについても見直し、後述の「地域リハビリテーションセンター」(仮称)において策定される統合的なリハビリテーション計画の一環として位置づけることが強く求められる。

11) 職業リハビリテーション

　障害者の雇用の成立・維持・向上の過程においては、職業リハビリテーションのサービスは重要である。このため、権利条約では、「(k) 障害者の職業リハビリテーション、職業の保持及び職場復帰計画を促進すること」(Promote vocational and professional rehabilitation, job retention and return-to-work programmers for persons with disabilities.)」と規定している。

　職業リハビリテーションのサービス過程は、ILOによれば、職業評価、職業指導、職業前訓練、職業訓練、職業紹介、就職後のフォローアップなど、一連の過程から成り立つとされている。この仕組みにおいては、「就職レディネス」(一般企業に就職し、適応しようとする場合に必要とされる最小限の心理・行動的条件)が確立していることが前提とされ、就職前の段階で、これが強く問われる。

　「就職レディネス」は、特別の施設(障害者のための職業リハビリテーション施設や職業訓練施設)での指導・訓練によって習得でき、かつ、それを現実の職場にうまく転移(訓練の転移)できるという考え方を基本としているが、知的・精神などの障害者については、これを前提とすることは難しい側面のあることは否定できない。さらに、これらの者については、雇用の維持・向上の過程においても、継続的な支援が必要とされる場合が多いことも否定できない。

　これまでの職業リハビリテーションの仕組みでは、雇用の成立に必要不可欠とされる利就職レディネスの成立を強く求め、雇用が成立した段階で、サービスは終了する(一定期間のフォローアップが行われることは、当然としても)という考え方であったが、この様な仕組みでは、本来、サービスの対

象とすべき障害当事者を排除してしまい易いという矛盾が指摘されてきた。
　アメリカにおいて、この様な問題についての反省を踏まえて、昭和61（1986）年のリハビリテーション法の改正によって、援助付き雇用（Supported Employment：SE）のシステムが導入された。
　SEの最大の特徴は、雇用の成立前の指導（就職レディネスの確立に向けた指導）よりも、雇用（就職）後における総合的な支援（職務遂行に係わる指導をはじめ、労働生活全般に係わるものを含む）が、ジョブ・コーチによって、必要な期間、与えられることにある。
　この新しい仕組みは、従来のサービスでは、その対象から排除されてきた人たちに雇用の場を大きく開くものとして評価されてきた。我が国においても、SEの知見を基礎として、職業リハビリテーションの仕組みを抜本的に見直すことが強く求められる。
　次に、「職業の保持及び職場復帰計画を促進する」との規定は、特に、就職後、労働災害や通勤途上災害などによる障害者（中途障害者）を意識したものと考えられる。中途障害者については、解雇するなどのことなく、必要に応じ、職務内容を見直し、元の職場への復帰を目指した適切な職業リハビリテーションのサービスが重要となることを勘案したものである。このサービス過程は、職場復帰に向けた合理的配慮のための企業努力とともに、地域の医療施設や能力開発施設などとの連携も必要となる。
　このため、法整備に当たっては、中途障害者のための合理的配慮義務を規定することに併せて、その職場復帰を支援するために、企業の責務の一環として、企業内リハビリテーションの実施を義務づけることも必要となる。この場合、企業には、リハビリテーションに関する専門的知識が十分でないことも想定されるので、必要に応じ、後述の「地域リハビリテーションセンター」（仮称）と連携して実施することを規定することが望ましい。

3　ハビリテーション・リハビリテーション（第26条関係）
　第27条（労働及び雇用）に規定された内容の実現を図る上において、ハ

ビリテーション及びリハビリテーションは、重要な役割を果たす。

　権利条約は、その第26条（ハビリテーション及びリハビリテーション）第1項において、「締約国は、障害者が、最大限の自立並びに十分な身体的、精神的、社会的及び職業的な能力を達成し、及び維持し、並びに生活のあらゆる側面に完全に受け入れられ、及び参加することを達成し、及び維持することを可能とするための効果的かつ適当な措置（障害者相互による支援を通じたものを含む。）をとる。このため、締約国は、特に、保健、雇用、教育及び社会に係るサービスの分野において、包括的なリハビリテーションのサービス及びプログラムを企画し、強化し、及び拡張する。」(Article26 Habilitation and rehabilitation 1. States Parties shall take effective and appropriate measures, including through peer support, to enable persons with disabilities to attain and maintain maximum independence, full physical, mental, social and vocational ability, and full inclusion and participation in all aspects of life To that end, States Parties shall organize, strengthen and extend comprehensive habilitation and rehabilitation services and programmes, particularly in the areas of health, employment, education and social services, in such a way that these services and programmes:）と規定されている。

(1) ハビリテーション・リハビリテーションの目的

　第26条において、ハビリテーション及びリハビリテーションの目指すところとして、障害者の「最大限の自立」と「十分な身体的、精神的、社会的及び職業的な能力の達成」、「生活のあらゆる側面に完全に受け入れられ、及び参加することを達成」することが強調されている。

　それぞれの場面において「達成」が求められるが、その状態が維持されない限りにおいては、ハビリテーション及びリハビリテーションは、所期の目的を果たすことはできない。このため、権利条約第26条は、「達成」と同時に、「維持」するための効果的かつ適当な措置についても言及されている。

即ち、最大限の自立は、それがどの様なものであれ、達成することが重要であるが、それに劣らず、達成後の維持が重要な課題であることを強調する。これは、第27条に規定する「労働及び雇用」は、本来、継続的な活動でなければならず、それ故に、職業となり、それによって、生計を営む基盤が確立し、はじめて安定的な社会参加が可能となるからである。我が国のリハビリテーションのサービス、特に、職業リハビリテーションのサービスにおいては、雇用の成立によって、そのサービスは終了となる（必要に応じ、フォローアップが行われるとしても）。第26条の趣旨からすれば、この様な仕組みは、見直されなければならない。また、後述の様に、リハビリテーションの包括的な性格からすれば、そのサービス施設は、障害者当事者が生活する地域に根ざしたものでなければならない。

(2) 障害者の自立とピア・サポート

「最大限の自立」と「十分な身体的、精神的、社会的及び職業的な能力の達成」を可能とする効果的かつ適当な措置には、一般的には、医学的、教育的、職業的及び社会的リハビリテーションが含まれる。これらのサービスには、医師、PT・OT、特別支援教育専門職、障害者職業カウンセラー、ジョブ・コーチなどの専門職が係わっているが、同時に、同じ問題や悩みを抱える仲間・同僚（ピア）が関わることが重要であることから、権利条約第26条は、これらの措置に、「障害者相互による支援（peer support）を通じたものを含む。」と規定している。

我が国においては、ピア・サポートの仕組みは、必ずしも強固ではないので、専門職とピア・サポートの望ましい分担関係についての検討が深められるとともに、ピア・サポートの仕組みをサービス体系に組み込むことが強く求められる。また、これを基本とすれば、ピア・サポートに関わる当事者の資格認定と質の向上のための仕組みも、上記の専門職と同様に重要となる。

(3) 包括的なリハビリテーションのサービス

上記に規定される目標を達成するための「効果的かつ適当な措置」として、第26条後段において、「特に」重要なものとして、「保健、雇用、教育及び社会に係るサービスの分野における包括的なリハビリテーションのサービス及びプログラムを企画・強化・拡張」に言及されている。ここにおいて注目すべきは、「包括的な(comprehensive)」という規定である。これは、障害当事者の最大限の自立の達成とその維持などのためには、ハビリテーション及びリハビリテーションのサービスは、個々ばらばらに提供されるものであってはならず、医学、教育、職業、社会リハビリテーションのサービスが、マネージメントされ、統合的に提供されるべきことを確認的に規定したものである。

ところで、ハビリテーション及びリハビリテーションのサービスは、我が国では、厚生労働省(医学・職業・社会リハビリテーション)と文部科学省(教育リハビリテーション)に跨っており、かつ、保健、雇用(職業リハビリテーション)及び施設サービス(社会リハビリテーション)については、旧厚生省と旧労働省に跨って提供されてきた。

本稿のテーマである職業リハビリテーションを中心にみるならば、特別支援教育学校から雇用への移行過程においては、教育リハビリテーションとの連携が重要であるが、これが十分に確保されているとは言えない。さらに、旧厚生省と旧労働省が統合され、厚生労働省として発足しながらも、なお、職業リハビリテーションと社会リハビリテーションの融合は十分とは言えない。

国の融合施策としては、旧厚生省の生活支援事業と旧労働省のあっせん型雇用センター事業を一体化した「障害者就業・生活支援センター」(注12)の取り組みが重要となる。このセンターにおいては、職場実習(OJT)の実施を通じて、障害当事者の能力を開発することによって、雇用の成立を支援するとともに、地域の社会資源との密接な連携の下に、地域生活の基盤固めをも含めた統合的な支援の役割を担うものとして位置づけられる。

第 2 章　国際的なスタンダードからみた問題点

　「障害者就業・生活支援センター」は、いずれ、地域における包括的なリハビリテーションのサービスを担う組織として、福祉圏域ごとに整備されると考えられるが、そのためには、まず、雇用安定事業と生活支援事業という二つの事業に跨っている仕組みを改め、財源措置を一本化するとともに、同様の役割を持つ関連施設を含めて、業務内容などについて体系的な整理をした上で、「地域リハビリテーションセンター」（仮称）として、地域の社会資源（公共職業安定所、特別支援学校、福祉事務所、保健所、医療機関、地域企業など）との密接な連携の下に、雇用の成立・維持・向上といった一連の過程に深く係わるサービス施設として再構築することが必要となる。また、再構築に当たっては、公共職業安定所の業務（障害当事者の職業紹介業務をはじめ、職場適応訓練など）を「地域リハビリテーションセンター」（仮称）へ統合する方向で検討することが望ましい（職業紹介機能の統合が難しいとすれば、「地域リハビリテーションセンター」（仮称）において、無料の職業紹介事業を行うことを認めることも検討に値する）。

　また、権利条約の求める「包括的な」サービスを実現するに当たって、滋賀県の独自の取り組みである「働き・暮らし応援センター」（注13）が参考となる。このセンターの最大の特徴は、福祉圏域ごとに整備され、障害当事者の働き・暮らしに必要とされるすべてのサービス及び支援が得られることにある。

　組織の見直しに当たって重要なことは、障害当事者の視点に立って、行政の縦割りを超えて、「ワン・ストップ・サービス」を実現することにある。

(4)　ハビリテーション・リハビリテーションのプログラム

　そして、第26条第1項後段において、「この場合において、これらのサービス及びプログラムは、次のようなものとする。」(in such a way that these services and programmes:) とし、具体的にサービスのプログラムが規定されている。

1) 評価

リハビリテーションのスタートは、一般的には、評価（Assessment）（個々の障害特性を理解することを基本として、一方で労働市場の状況を勘案しながら、自立の方向性を考えること）とされる。これに関して、権利条約は、「(a) 可能な限り初期の段階において開始し、並びに個人のニーズ及び長所に関する学際的な評価を基礎とすること」(Begin at the earliest possible stage, and are based on the multidisciplinary assessment of individual needs and strengths;) と規定している。

ここにおいて、重要なことは、評価は、ハビリテーション・リハビリテーションのプログラムにおいて、「可能な限り初期の段階」において開始され、「個人のニーズ及び長所」を評価することに重点を置いた「学際的」（総合的）なものを求めていることである。

我が国における最初の評価は、特別支援教育の中で行われる進路指導として実施される。河原正明は、当事者として、自らの就職活動の経験から、「まず、進路指導で感じたのは、その人にどんな力や可能性があるかということより、その人がどんな障害があり、「重度」か「軽度」かが優先されていたことである。実際に私は、就職のために色んな資格を取得したが、進路指導においては、ほとんど勘案されず、障害が「重度」であることから、更生施設に入所することになった。」（注14）と指摘している。

進路指導の過程から得られた評価結果は、障害当事者のその後の人生をも決定してしまうと言っても過言ではない。にもかかわらず、進路指導の先生たちによる職業選択への方向付けが、極めて安易に行われていることが、短い文章の中に、見事に描き出されている。

この様な傾向は、その後の職業リハビリテーションの分野でも、日常的にみられる風景である。職業リハビリテーションのサービスの中心的な役割を担っている障害者職業カウンセラーたちは、数々の心理検査結果などを実施して、判定会議などの場面で、「S.Y.君は、○○が、できない」「○○は、難しい」と頻繁にマイナス部分を指摘する傾向が指摘される。これは、現在の

職業リハビリテーションの仕組みが、上述の様に、就職レディネスが確立しているか否かを重点的に把握しようとすることに起因するものである。しかし、現実の職業能力に関しては、雇用の成立前よりも、職場での仕事を通じての訓練（OJT方式による）によって習得する部分が大きな割合を占めていることを勘案すれば、いたずらに、雇用前の評価（何ができるかを問う）結果に重点をおいてはならない。事前の評価よりも、まずは、雇用の場に就け、そこで働く過程において必要とされる支援（能力の開発から生活の支援までの総合的な支援）に重点を置くことが求められる。

　リハビリテーションに携わる専門家には、いずれの段階の評価であれ、「できない」「難しい」という枠組みから、進むべき進路（職業分野）を考えるのではなく、隠された能力を見出し、それを開花できるよう、粘り強く支援し、それを最大限に生かす努力が望まれる。サービスの提供者は、あくまで、個々の障害者のニーズを最大限に尊重しつつプログラムを組むべきは当然である。

　そして、リハビリテーションのサービス体系には、それを可能とする仕組みを整備することが重要となる。換言すれば、これまでのように雇用の成立に重点を置くリハビリテーションの仕組みから、その後の雇用の維持・向上の過程にまで、継続的に深く関わることのできる地域レベルのリハビリテーションの仕組みへと脱却する必要がある。

2）　地域社会への参加及び受け入れ

　権利条約においては、リハビリテーションのプログラムに関し、第26条第1項（b）において、「地域社会及び社会のあらゆる側面への参加及び受け入れを支援し、自発的なものとし、並びに障害者自身が属する地域社会（農村を含む。）の可能な限り近くにおいて利用可能なものとすること。」（Support participation and inclusion in the community and all aspects of society, are voluntary, and are available to persons with disabilities as close as possible to their own communities, including in rural areas.）と規定され

ている。

　権利条約は、まず、リハビリテーションのプログラムの要件として、まず、「地域社会及び社会のあらゆる側面への参加及び受け入れを支援」し、かつ、障害当事者の意見を尊重した、「自発的なもの」でなければならないとする。即ち、専門職による方向付けなどがあってはならず、あくまでも、詳細な説明と同意に基づく障害当事者の主体的判断が優先されるべきとしている。

　リハビリテーションのサービスにおける主たる目標は、働くことにある。その実現のために、雇用の場（公的部門を含む）が選択される。それへのチャレンジを支援することは、「地域リハビリテーションセンター」（仮称）などの役割であるが、現実には、チャレンジしたとしても、目標を達成できない障害当事者も生まれてくる。この様な障害当事者に、失敗者としての刻印を押すなどは、あってはならない。

　働くことを目指すか、それともそれを目指さない別の生き方を選択するか、その判断の主体は、障害当事者でなければならない。社会経済の仕組みに入れないとしても、「自分たちにも何かができる」、「障害を持っていても社会に貢献できる何かがあるはず」と考える障害当事者の想いを尊重するならば、様々な社会参画の選択肢が用意されなければならない。それが、「あらゆる側面への参加及び受け入れを支援し」「自発的なものとし」という表現の意味である。仮にも、いわゆる専門職によって、あるいは、特別の仕組みによって、選択肢が制限され、異なる方向へと結びつけられるなどは、あってはならない。

　さらに、障害当事者が自発的に選択すべきサービスやプログラムについては、「障害者自身が属する地域社会（農村を含む。）の可能な限り近くにおいて」利用できることを要件としている。これは、精神的、社会的及び職業的な能力の「達成」とともに、その「維持」が重要となることに配慮したものである。障害当事者の慣れ親しんだ地域社会であれば、家族との絆をはじめ近隣住民との関係も保たれる。これを考慮すれば、当然の規定である。

第2章　国際的なスタンダードからみた問題点

　一方、我が国のリハビリテーションの仕組みをみるならば、「地域社会の可能な限り近くにおいて」という原則は、医療、教育、職業及び社会リハビリテーションのいずれの場面において、必ずしも守られているとは言えない。

　因みに、教育リハビリテーションの一環である特別支援教育の場は、障害当事者が住む生活の場からは遠く離れている。社会リハビリテーションの施設についても同様であり、地域社会から隔絶されている場合も少なくない。その様な特別の場への移動、そこでの生活基盤の再構築など、障害当事者の負担（経済的なものだけではなく、身体的・精神的負担も含めて）には大きなものがある。それを支える家族の負担も忘れてはならない。

　本稿のテーマである職業リハビリテーションについてみるならば、その中核的な施設である、例えば、埼玉県の所沢の「国立職業リハビリテーションセンター」においては、対象者は、全国から来所する仕組みとなっており、1年間の訓練期間中は、自ら居住する地域から離れて生活せざるを得ない。

　この様な特別の仕組みに依存しなければならないのは、医療的リハビリテーションとの密接な連携が求められることに加えて、一般の人たちが、容易に利用できる様々な教育・訓練の場がありながら、それらの場においては、障害当事者を受け入れるハード・ソフト両面にわたる条件整備が行われていないことによる。障害者のみの利用を前提とするリハビリテーションの施設には、極めて大きな投資を必要とされることに加えて、その後の維持管理にも多額の経費負担を必要とする。また、急速に変化する訓練ニーズへも速やかに対応できるものでもない。したがって、地域にある一般の教育・訓練施設などの社会資源は、常に、障害当事者が利用できる様に、「障害者に開放され、かつ、障害者を受け入れ、利用可能なもの」でなければならない。しかし、行政の仕組みが縦割りとなっているため、地域にある一般の人たちが利用する教育・訓練の社会資源については、障害当事者の利用を想定すらしておらず、結果的には、障害当事者の選択肢を極めて狭いものにしている。

　このためには、この規定の趣旨を忖度しつつ、特別の施設における訓練を

基本とするのではなく、地域にある一般の教育・訓練施設についても、物理的・人的な面の条件整備に努めつつ、障害当事者が、希望すれば、いつでも、利用できる様にすることが重要となる。これにより、障害当事者の身体的・精神的・経済的負担は大幅に軽減される。さらに、第26条（j）においては、「開かれた労働市場において障害者が実務経験を取得することを促進すること」の重要性が指摘されているが、これを勘案するならば、地域の一般企業を実習や訓練のための場として利用することも考えられるので、指導に係わる人材の人件費の一部負担するといった措置を整備することも必要となる。とすれば、「地域社会に可能な限り近く」の要件は、比較的容易に充たすこともできるはずである。この様な措置は、訓練手当の支給削減に寄与するところも大きく、財源を有効に活用する視点からも重要なことである。

3）　専門職の養成

地域のリハビリテーションのサービスレベルを決定するのは、専門職であるといっても過言ではない。このため、権利条約は、第26条第2項において、「締約国は、リハビリテーションのサービスに従事する専門家及び職員に対する初期研修及び継続的な研修の充実を促進する」（States Parties shall promote the development of initial and continuing training for professionals and staff working in habilitation and rehabilitation services.）と規定されている。

リハビリテーションのサービスは、専門的な知識・技術を必要とすることから、この規定は、ごく当然のことと理解される。初期研修、その後の継続的な研修の重要性は、いくら、強調しても、強調し過ぎることはない。

本稿の主要なテーマである職業リハビリテーションについてみるならば、そのサービスは、障害者職業カウンセラーをはじめ、公共職業安定所職員や職業訓練指導員、ジョブ・コーチなどによって担われている。

しかし、障害者職業カウンセラー、職業訓練指導員といった一定範囲の専門職を除いては、その職務内容・資格要件・養成・研修システムなどは必ず

しも明確にされているわけではなく、職業リハビリテーション及び雇用サービスのニーズに的確に対応する上では、質・量ともに、十分でないことが指摘されている。

　因みに、障害者職業カウンセラーについてみれば、職業リハビリテーションの中心的な役割を担う専門職として位置づけられ、高齢・障害者支援機構において、採用後、必要な訓練が実施される。しかし、障害者職業カウンセラーについては、地域における総合的なリハビリテーションのサービス展開のために、また、障害者雇用企業における労働生活の質の向上を支援するなどの視点からすれば、質量ともに格段の充実が必要とされる。また、ジョブ・コーチなど、障害者の雇用とその維持の上において大きな役割を果たす人材についても、現状では、各地域において個別的な取り組み（例えば、大阪府においては、ジョブライフサポーター事業）（注15）が実施されているに過ぎず、養成体制は十分とは言えない。

　このため、障害者職業カウンセラーについては、既に養成が進められている社会福祉士（又は精神保健福祉士）としての教育（国家資格取得を含む）を基礎として、大学院修士課程において、職業リハビリテーションに関する知識・技術を向上させ、上位レベルの国家資格として、新たな法制の整備を検討することも重要となる（社会福祉士及び介護福祉士法などが参考となる）。また、ジョブ・コーチについても、認定資格として、養成体制の格段に充実することが求められる。

　以上のように、国家レベルで、その役割、養成の在り方、資格認定の仕組みなどを整理することに併せて、その後の向上教育の体制整備も重要となる。既に指摘した様に、リハビリテーションのサービス体系を担う専門職とともに、障害者相互の支援も重要であり、今後、この役割が高まってくることを勘案すれば、ピア・サポーターとしての専門性（リハビリテーションに関する知識を重点とした）を高めることも重要な課題となる。

4) 支援装置及び支援技術

　障害当事者の地域社会及び社会のあらゆる側面への参加及び受け入れを支援するに当たっては、「支援装置及び支援技術」の役割には大きなものがある。当然のことながら、リハビリテーション及びリハビリテーションのサービス過程においても、同様に考えられる。

　このため、権利条約は、第26条第3項において、「締約国は、障害者のために設計された支援装置及び支援技術であって、リハビリテーションに関連するものの利用可能性、知識及び使用を促進する（States Parties shall promote the availability, knowledge and use of assistive devices and technologies, designed for persons with disabilities, as they relate to habilitation and rehabilitation.）と規定されている。

　障害当事者の雇用の成立・維持・向上の過程においても、ICF（国際生活機能分類）に規定される「活動制限」「参加制約」を軽減させる視点から「支援装置及び支援技術」の利用促進は重要である。この支援装置及び支援技術の利用は、職場における合理的配慮の一環としなければならない。

　しかし、個別性が極めて大きく、大量生産に馴染まない側面があり、障害者雇用企業に、比較的多額の投資を求めることもあろう。結果として、これらの支援装置及び支援技術が有効と想定されながらも、その活用が危ぶまれることも想定される。このためにも、企業が行う合理的配慮に係わる経済的負担の一部を補助するなどの措置が必要不可欠となる。財源確保の方法としては、既に述べた様に雇用保険（公的部門にあっては、共済制度）の仕組みを利用することも考えられる。

　以上、権利条約において、障害当事者の労働に関して規定された部分について、その意味するところを明らかにし、我が国において実現されている施策との係わりで何が問題となるかを述べてきた。

　ここで、強調すべきは、権利条約の求めるものを、国内法に反映させるに当たって、既に講じられているからといって、それをそのままに追認してはならないことである。既にある制度であっても、それから生ずる不可避的な

問題を明らかにして、労働の権利保障という新しい枠組みとの関連において、矛盾や離齬が生じないかどうかを、一つ一つ十分に検証し、大胆に見直すことが強く求められる。

障害者の権利条約への対応は、恩恵的な施策からの脱却を強く求めるものであり、従来施策の延長線上に、いくら緻密な政策を積み上げても、その意に沿うものではないことを忘れてはならない。

第3節 ILO条約及び勧告（障害者）を巡る問題

1 ILO条約・勧告違反に関する申立て

ILOは、大正8（1919）年に、ベルサイユ条約によって国際連盟とともに設立され、世界各国の労働者の労働条件と生活水準の改善を目的とする国際機関として活動してきている。加盟国は約180カ国となっており、平成23（2011）年6月末現在、189の条約（注16）と201の勧告を採択している。

条約については、加盟国は、批准に当たって、その規定を国内法にとり入れる義務を負うものである。

障害者が働くということに関して、世界的なスタンダードとして、大きな役割を果たしているのは、職業リハビリテーション及び雇用に関係する条約及び勧告である。その最初のものは、昭和30（1955）年の「身体障害者の職業更生（職業リハビリテーション）に関する勧告」（第99号勧告）（注17）であるが、その後、同勧告によって、関係各国における施策が著しく進展したこと、昭和56（1981）年が、「完全参加と平等」を目指す「国際障害者年」と宣言され、包括的な障害者に関する世界行動計画が策定されたことなどを踏まえて、平成58（1983）年、「職業リハビリテーション及び雇用（障害者）に関する条約」（ILO第159号条約）及び同勧告（ILO第168号勧告）が採択された。同条約は、我が国においては、平成4（1992）年6月12日に、国会において批准されている。

批准に当たっては、当然のことながら、職業リハビリテーション及び雇用（障害者）に関する国内法制に関し、条約の諸要件を満たすような改正が求

められる。

　しかし、障害者関係団体の間には、これが十分に行われているとは言えず、条約違反の疑いがあるとの指摘が、かねてよりなされてきた。さらには、その条約の基礎となった「身体障害者の職業更生（職業リハビリテーション）に関する勧告」（第99号）及び第159号条約を補足する「職業リハビリテーション及び雇用（障害者）に関する勧告」（第168号）についても、我が国の関係法制度は、関係規定違反が疑われるという問題も指摘されてきた。

　その様な中で、平成19（2007）年8月15日、全国福祉保育労働組合（以下、「提訴人」という。）は、日本障害者協議会（JD）及びワーカアビリティズインターナショナル（WI）（注18）の協力を受けて、日本政府の障害者関係施策は、第99号勧告、条約159号条約及び第168号勧告に違反しているとして、国際労働機関憲章第24条の規定（注19）に基づいて、同理事会に対して、申立て書を提出した。

2　提訴の背景とその理由

　提訴人は、申立ての理由について、次の様に述べている。

　「日本は世界第2位の経済大国であり、アジアの中では社会福祉のリーダー的存在とされているにもかかわらず、職業リハビリテーションと障害者雇用政策に関するILO条約と勧告を、長い間そうと知りながら無視してきている。

　日本政府は批准したILO「職業リハビリテーション及び雇用（障害者）に関する条約」（第159号、1983年採択、1992年日本批准）、「身体障害者の職業更生に関する勧告（第99号）」、「職業リハビリテーション及び雇用（障害者）に関する勧告（第168号）」を遵守していない。

　30年以上もの間、日本政府はWI加盟メンバー、日本障害者協議会（JD）、障害者団体、さらには総務庁行政監察局（当時）から障害者雇用政策を改善するよう要請、指導を受けてきた。しかし、政府は官・民の重要な

基準規定となる障害者雇用率をごまかし続けている。また、目下の政策は、重度障害者を失業対策と職業訓練事業から排除している。これまでのところ、改善は一切されたことはない。

　ILO の定期審査前ではあるが、これは緊急を要する申立てである。日本政府は、障害者雇用政策の改善案を無視して、国連の障害者の権利条約の批准をしようとしている。本福祉保育労は日本障害者協議会（JD）と WI の協力を得てこの申立てを提出するが、ILO 条約・勧告に注目して世界中に日本の問題点を明確にする絶好の機会なのである。

　また、平成 18（2006）年に日本政府が、障害者雇用及びリハビリテーションの機会をさらに狭めた政策転換（障害者自立支援法の施行）をしたことも、今回緊急に申立てをしなければならない理由である。

　我々は、「自立支援法」の廃止をはじめ、日本政府に障害者雇用に関する政策の改正を求める。これなしには、日本政府には国連の障害者の権利条約を批准する資格はないと考える。

　日本社会では長い間、重度障害者の基本的ニーズが疎かにされてきた。この申立てが、政府のみならず雇用主・労働組合・リハビリテーション専門家・福祉サービス提供者・障害者組織などが、長い間重度障害者の基本的ニーズを放置してきたことへの警告となることを願うものである。」

　提訴人の指摘する違反の内容については、同申立て書によれば、ILO 条約及び勧告の目指すところとその実施に関し、(1) 個人の労働能力に基づく障害の定義を適用すること、(2) 障害の種類にかかわらず、すべての障害を持つ人々に平等にサービスや支援を提供すること、(3) 一般雇用に就くことが現実的でない人々のために、保護雇用に関する政策を制定し、施設を設立すること、(4) 働く障害者に一般労働者と同様の機会均等を確保することなどに関し、条約・勧告違反があるとしている。

　これからも理解される様に、提訴は、我が国の障害者雇用・就労対策の抜本的な見直しと、その拡充を強く求めている。と同時に、それは、国連・障害者の権利条約の批准に当たって、国内法について整合性のある整備を十分

にしないままに批准するなどは、あってはならないとのメッセージでもある。

3 ILO審査委員会の対応

　我が国における障害者の職業リハビリテーション及び雇用施策は、緻密に設計されたものであり、正しく理解するためには、それなりの努力が必要とされる。このため、ILOは、この問題を審査する委員会（審査委員会）を設置して、提訴人の申立ての内容を吟味し、必要に応じ、日本政府の見解を正しながら、問題点を整理し、検討を加え、平成21（2009）年3月18日に理事会へ報告、公表手続を終えて、すべての審議を終了している。

　結論的に言うならば、審査委員会は、提訴人の指摘するような条約違反を明確に指摘するものではないが、いくつかの事項については、条約・勧告の趣旨からして問題となることを指摘している。

　ここでは、審査委員会が整理した論点に従って、問題を整理するとともに、必要に応じ、補足的な説明を加えることとする。

(1) 条約運用上の「障害者」という用語の定義（第1条）

　職業リハビリテーションの対象となる障害者について、ILO第159号条約では、「障害者」とは、「正当に認定された身体的又は精神的障害のため、適当な職業に就き、これを継続し及びその職業において向上する見通しが相当に減少している者をいう。」（1. For the purposes of this Convention, the term disabled person means an individual whose prospects of securing, retaining and advancing in suitable employment are substantially reduced as a result of a duly recognized physical or mental impairment.）と定義されている。

　審査委員会は、提訴人は、この様な定義がなされているにもかかわらず、我が国の障害者の定義は、「障害の定義方法を実際の労働能力よりも、機能障害の種類に依存していることから、障害の判定方法及び認定に関して国内

法及び慣行は、条約第 1 条を実行していない」こと、かつ、「機能障害の種類という観点から 6 段階の等級を設定している」ことを取上げ、「この様な障害の判定方法では、支援措置から一部の障害者を排除する」と申立ての内容を整理している。

　これを基礎として、審査委員会は、「この規定（第 1 条）では、当該障害者の障害が職業における見通しをどの程度減少させるかを判断する適切な方法の選択は各加盟各国に委ねている。」ことから、障害者の定義についても、それぞれの国の歴史的・文化的背景な違いを反映することから、やや異なることは当然であろうとしている。

　しかし、その一方において、「当委員会は、加盟各国は、第 1 条の定義に該当するすべての男女が国内法の実際の対象となることを確保しなければならないことに注目する。」とし、障害者の定義に起因して、サービスの対象から漏れるなどのことが、あってはならないと、注意を喚起している。この意見は、当然のこととして理解される。

1）　我が国の障害者の定義を巡る問題
　この見解との係わりにおいて、本稿のテーマである働くことに焦点を絞って、我が国における「障害者の定義」の問題点についてみる。障害者の職業的自立を支援する上において基本となる障害者雇用促進法第 2 条においては、障害者とは、「身体障害、知的障害又は精神障害（以下「障害」と総称する。）があるため、長期にわたり、職業生活に相当の制限を受け、又は職業生活を営むことが著しく困難な者」と定義される。

　まず、第一の問題として、障害者雇用促進法の定義において、「身体障害、知的障害、精神障害」と、明確に、障害の種類を規定していることが取り上げられる。障害者は、雇用の成立・維持・向上の過程において、様々な支援（合理的配慮）を必要とする。その内容・程度は、障害の種類によって異なるとしても、それを理由として、障害の種別を特段に強調することの意味はない。

第二の問題としては、ILO第159号条約においては、「適当な職業に就き、これを継続し及びその職業において向上する見通し」が「相当に減少している」ことを障害者の要件としているが、障害者雇用促進法では、「長期にわたり、職業生活に相当の制限を受け、また、職業生活を営むことが著しく困難な」と定義されている。そこには、対象となる障害者の範囲を狭く捉えようとする意志を読み取ることができる。これは、雇用率制度の運用に当たっては、事業主が容易に障害者であるか否かを判定できる仕組み（障害者手帳による確認）を想定したものと考えられる。

　しかし、職業リハビリテーションのサービスや雇用支援のための一般的措置に関しては、障害者手帳の所持を要件とするなどの措置はとられず、障害者の範囲をできる限り弾力的に捉えつつ、雇用の成立・維持・向上の過程において、支援が必要な者としてみなされるならば、必要なサービスを提供する様に努力されている。

　これに関して、審査委員会は、「職業リハビリテーション及び雇用支援は、障害の等級、程度、または障害者手帳の有無にかかわらず、すべての障害者が利用できるとの趣旨の日本政府の説明に注目する。」として、この問題に関する最終的な結論として、「日本が採用している障害者の職業リハビリテーション及び雇用に関する国内施策は、条約第1条（1）で想定されているところの、正当に認定された身体的又は精神的障害のために職業において向上する見通しが減退している者の状況には対処していないようには思われない。」と述べている。

　したがって、職業リハビリテーションのサービスに関しては、第159号条約の障害者の定義との関係で特段の問題はないとみて良い。

2）　雇用率制度における障害者の捉え方を巡る問題

　審査委員会は、障害者の定義に関して、それ以上の言及はしてないが、雇用率制度との係わりからみれば、問題なしとは言えない。なぜならば、障害者雇用促進法の第2条においては、上記のように障害者を定義した後で、身

体障害者とは、「障害者のうち、身体障害がある者であって別表に掲げる障害があるもの」（第2号）、知的障害者とは、「障害者のうち、知的障害がある者であって厚生労働省令で定めるもの」（第4号）、精神障害者とは、「障害者のうち、精神障害がある者であって厚生労働省令で定めるもの」（第6号）と規定されている。

　因みに、身体障害者についてみるならば、この規定を受けて、法の別表には、身体障害者福祉法の別表と同じ範囲が規定されている。この結果、身体障害者であることの確認は、原則として「身体障害者福祉法」に基づく「身体障害者手帳」によって行われることとなる。これは、仮に、障害者雇用促進法において、異なる範囲を決定するならば、制度的な混乱が生ずることに加えて、雇用対策の主要な柱の一つである雇用率制度においては、事業主が簡便な方法によって、法に該当する身体障害者であるか否かを判断できるシステムであることが求められることから、両者を合致させたものである。この結果、身体障害者手帳を所持していない者については、雇用率制度から漏れてしまうなどの問題が指摘される。

　さらに、雇用率制度において、重度障害者は2人（ダブルカウント）として取り扱われるが、この重度障害者とは、身体障害者障害程度等級表の1級及び2級に該当する人たちで、例えば、車いすの人たちはこれに該当するが、等級表上の「重度」であっても、通常のデスクワークであれば、車いすであることは、さしたる支障ではない。ダブルカウントにより手厚い措置（給付期間の延長など）の対象としたりすることには、疑問が生ずる。一方、知的障害者、精神障害者については、逆方向であり、より手厚い措置が適用されるべきであるのに、適用されないなどの問題も生じている。

　障害者の雇用促進という本来の目的からすれば、労働能力の視点から捉えられるべきであって、これは、機能障害とパラレルな関係にあるものではない。医学的モデルによって障害を捉えるのではなく、どのように支援（合理的配慮）をすれば、障害労働者が、その持てる能力を最大限に発揮ができるかという視点が重要なのである。支援（合理的配慮）の程度が大きければ、

手帳の障害程度等級にかかわらず、障害者を雇用する企業によってより手厚い措置が、確実に、実施されなければならない。しかし、現行の障害認定のシステムは、その様なニーズには対応できないことから、支援の必要の程度に応じてサービスを提供するという最も基本的な原則において矛盾があり、財源的にも無駄な投資という結果を生んでいる側面も否定できない。

これに関し、審査委員会は、「雇用率制度における重度障害者のダブルカウント制は、条約の目的及び原則に逆行しているようには思えない。」とはしているものの、「日本政府に対し、その有効性を解明するためにダブルカウント制の影響を調べることを要請する。」としており、結論を留保している。この見解は、十分に理解できるものである。

審査委員会の指摘する様に、「条約の目的及び原則に逆行」はしていないとしても、ダブルカウント制から不可避的に生ずる上記のような矛盾は、やはり、否定できない。この矛盾を解決するためには、雇用の成立・維持・向上において必要とされる支援(合理的配慮)の必要性の視点から、サービスの対象となる障害者の定義を確立し、必要な支援の程度を客観的に把握するための仕組みの構築が望まれる。

このためには、ICF(国際生活機能分類)の知見に最大限に学ぶことが必要となる(詳細は、後述)。

(2) 第1条(3)及び第3―条あらゆる種類の障害者のための職業リハビリテーションの確保を目指す国内施策

1) ILO条約第3条規定

ILO第159号条約においては、第一部・定義及び適用範囲(PART I. DEFINITION AND SCOPE)の第1条3においては、「加盟国は、この条約を、国内事情に適し、かつ、国内慣行に適合する措置によって適用する。」(3. The provisions of this Convention shall be applied by each Member through measures which are appropriate to national conditions and consistent with national practice.)と規定され、これを補足する第168号勧

告Ⅰ定義及び適用範囲の3においても、「加盟国は、この勧告の規定を、国内事情に適し、かつ、国内慣行に即した措置によって適用すべきである。」と規定されている。

さらに、第159号条約は、第2部・障害者のための職業リハビリテーション及び雇用に関する政策の原則（PART II. PRINCIPLES OF VOCATIONAL REHABILITATION AND EMPLOYMENT POLICIES FOR DISABLED PERSONS）第3条において、「前条の政策は、すべての種類の障害者に対し職業リハビリテーションに関する適当な措置が利用できるようにすることを確保すること及び開かれた労働市場における障害者の雇用機会の増大を図ることを目的とする。」（Article 3 The said policy shall aim at ensuring that appropriate vocational rehabilitation measures are made available to all categories of disabled persons, and at promoting employment opportunities for disabled persons in the open labour market.）と規定され、これを補足する第168号勧告Ⅰ定義及び適用範囲の4においても、「職業リハビリテーションに関する措置は、すべての種類の障害者が利用できるものとすべきである。」と規定されている。

2）　自立支援法による制度改正を巡る問題

この第3条の規定を基礎として、提訴人は、障害の種類にかかわりなく、「すべての種類の障害者」に対して、平等なサービス、支援を保証するように求めているにもかかわらず、「授産施設に働く障害者は、その多くが重度障害者であるが、福祉工場（労働法により保護されている）で働く障害者よりも不利な処遇を受けている」「授産施設の作業は労働法の保護対象にはなっていないこと及び工賃が非常に低いという事実」に言及しつつ、制度間の格差を問題としていることを受けて、審査委員会は、我が国のいわゆる福祉的就労の問題について検討を深めている。

福祉的就労の場としては、授産施設、小規模授産施設（通所）及び福祉工場があり、身体障害・知的障害・精神障害の種別に設置・運営されてきたも

のである。因みに、授産施設の代表的な存在である身体障害者授産施設（授産施設の原型とも位置づけられるもの）についてみれば、一般雇用が困難なものを入所又は通所させて、必要な訓練を行い、かつ、職業を与えて自活させる施設とされ、訓練施設としての機能と職業を与えて自活させる生活施設の機能を併せもつものであるが、基本的には、通過施設として位置づけられていた。しかし、一般雇用への移行率は極めて低く（年間1％程度）、通過施設としての役割は殆ど果たしておらず、実質的には、入所施設として機能してきた。そして、授産施設に働く障害者（作業員）に関しては、昭和26年通達により、労働者性（労働基準法第9条の労働者）は認められないとして、労働関係法制を適用しないという取扱いが行われてきた。

　一方、福祉工場は、授産施設の一形態ではあるものの、労働関係法制が適用される。この結果、提訴人の指摘する様に、授産施設で就労している障害者（労働関係法制は適用されていない）は、福祉工場で就労している障害者よりも不利な処遇を受けることとなり、制度間に待遇の差別が生まれている。また、障害種別にみても、待遇には大きな格差があることも指摘される。

　これは、障害種類にかかわらず、すべての障害者に平等にサービスが提供されるべきとする条約及び勧告の求めるところとは大きくかけ離れたものである。

　その後、自立支援法（平成18（2006）年10月施行）によって、福祉的就労は、「就労移行支援事業」と「就労継続支援事業」に整理され、従来の福祉工場については、「就労継続支援事業（A型）」（雇用関係が成立している）に、従来の授産施設及び小規模作業所は、同事業の「B型」（雇用関係が成立していない）として、施策の体系は整備された。

　これに関して、審査委員会は、「（授産施設及び福祉工場）は、全面的に施行された自立支援法によって、正式には、存在しなくなったことに注目する。」としながらも、「自立支援法の下では、就労継続支援事業のA型及びB型が、以前の授産施設と福祉工場にほぼ該当するという日本政府の指摘に

注目する。」として、「提訴人が批判するところの授産施設及び福祉工場の特性は、就労継続支援事業Ａ型及びＢ型の下で存在し続けていると推察する。」と、現状を正しく認識していることが伺える。

　これを基礎として、審査委員会は、第159号条約第3条は、「国の施策は、障害を一切区別することなく、すべての種類の障害者に対し職業リハビリテーションに関する適当な措置を利用できること」に係わるものであり、この原則は、「この条約はすべての種類の障害者について適用すると規定している第1条（4）にも反映されている。」とし、「この原則が障害をもつ人はだれでもその障害の種類を理由に置き去りにされることはないと認識していることに注目する。」としている。

　さらに、審査委員会は、「障害者は均等集団ではないという事実に鑑みて、当委員会は、第3条が提供される支援及び援助は各種別の状態に適切に対応するものでなければならないと認識している。しかし、異なる種類に対するサービス提供に関する区別は妥当かつ公正であるように取り計らわなければならない。」と指摘する。即ち、障害当事者のニーズは様々なものがあるので、支援やサービスは、その違いに適切に対応するものでなければならないが、かといって、その違いは、妥当性や公正性を欠くものであってはならないことを理解しておかなければならない（仮に、その様な事態が生じていれば、機会均等の原則に反するとみなければならない）。

3）　労働法関係制の適用を巡る問題

　これらを総合的に勘案して、審査委員会は、「雇用関係に基づく就労か否かにかかわらず、職業リハビリテーションの目的である男女が保護生産作業施設（就労継続支援施設）で行う作業が、障害者の社会及び職業における統合という条約の目的に効果的に寄与するには、一定の最低基準を満たすべきであることに注目する。」（注20〜22）とし、「この様な最低基準及びそれらの実施方法は、国内の状況に従い、かつ労働団体及び事業主団体、さらに障害当事者団体及び障害者支援団体と協議して確定する必要があるであろう。」

と指摘している。

授産施設に働く障害者（作業員）に関しては、昭和26年通達により、労働者性が認められない（労働基準法第9条の労働者とは認められない）として、労働関係法制を適用しないという取扱いが行われてきた。

しかし、審査委員会は、「提訴人が批判するところの授産施設及び福祉工場の特性は、就労継続支援事業 A 型及び B 型の下で存在し続けていると推察する。」として、新体系に移行したとしても問題が依然として継続していることを強く指摘している。

そして、審査委員会は、最終的な結論として、「授産施設で行われる作業に適用される基準は国内状況を考慮する必要があるとはいえ、当委員会は、これらの基準もまた機会及び待遇の均等（第4条）（注23）などの条約の原則に従わなければならないことに注目する。当委員会は、条約の目的である障害者の社会的経済的統合という観点から、また、障害者による貢献を十分に認識するという目的のため、授産施設における障害者が行う作業を、妥当な範囲で、労働法の範囲内に収めることは極めて重要であろうと思われる。」としている。

審査委員会では、「授産施設」と記述しているが、自立支援法に則して言えば、「就労継続支援事業」についての言及と思われる。即ち、A 型については、既に、労働関係法制が適用されているとしても、福祉の枠組みにとどまっており、また、B 型については、依然として、労働関係法制の対象外とされていることについて、「第2条の政策（障害者のための職業リハビリテーション及び雇用に関する施策）は、障害者である労働者と他の労働者との間の機会均等の原則に基づくものとする」（第159号条約第4条）という規定に照らして問題があるとの指摘と解される。

因みに、各国は、ILO 第99号勧告の 32（1）の「権限ある機関は、適宜民間団体と協力して、雇用に雇用市場における通常の競争に耐えられない身体障害者のために、保護された状態の下で行われる訓練及び雇用のための施設を設けかつ発展させるべき措置を執るべきである。」との規定を受けて、

第 2 章　国際的なスタンダードからみた問題点

保護雇用施設を設置しているが、ここに働く障害者についても、労働法を適用し、制度間に大きな格差を生じない様に努めている国もある（例えば、スウェーデン、オランダ、イギリス、ドイツ、アイルランド、アメリカ、オーストラリア、ニュージーランドなど）。

理念としても、また、実態としても、労働法を適用しないことは、世界の施策の方向と大きく異なるものであり、我が国の福祉的就労に関する審査員会の「妥当な範囲で、労働法の範囲内に収めることは極めて重要」との指摘は、ごく当然のものと理解されなければならない。そして、あえて「極めて重要」と表現していることに注意を要する。

4）　工賃を巡る問題

審査委員会は、授産施設（就労継続支援事業（B型））における極めて低い工賃についても言及している。審査委員会は、「工賃が余りにも低すぎることを日本政府が認識していることに注目する。」とし、「当委員会は、工賃倍増計画5カ年計画の採用に注目し、引き続き進展させて授産施設の工賃を適切なレベルに引き上げることを希望し、かつ、この点に関してさらなる情報提供を要望する。」と述べ、この問題に引き続き強い関心を持って追跡する意志を鮮明にしている。

審査委員会の指摘する「適切なレベル」とは、権利条約第 27 条の「労働によって生計を立てる機会を有する権利を含む」との規定を念頭に置くならば、少なくとも、最低賃金レベル以上の「生計を営むに相応しいもの」を意味するものと思われる。

授産施設における現行の平均工賃は、月額1万2千円程度となっている。このため、日本政府は、これを5年かけて、倍額するという計画を実行している。しかし、倍額となっても、2万4千円という額は、生計を営むレベルにははるかに及ばない。その様な目標を5年かけて達成することが、果たして、政策目標となり得るものか、極めて疑問である。審査委員会が、さらなる情報提供を求めるのは当然のことであろう。

審査員会の「妥当な範囲で、労働法の範囲内に収めることは極めて重要」との上記に指摘に対応するとなれば、付加価値の高い仕事を確保し、合理的配慮を徹底的に講じ、稼得能力の向上を図るなどの抜本的な改革が強く求められる。その様な努力をしてもなお、「適切なレベル」に達しないとすれば（合理的配慮などが適切に行われていることが前提となるが）、これを障害当事者の問題として放置してはならない。例えば、アイルランドにおいては、賃金補填、ドイツでは、社会保険の加入を義務づけ、保険料は、国が負担するなどの措置が導入されている。

　我が国においても、賃金補填などの施策が検討されなければない。

5）　対象者の線引きを巡る問題

　次に、審査委員は、「当委員会は、ともに福祉サービスとして捉えられている就労継続支援事業Ａ型及びＢ型の目的は、通常の職場での就労が困難な者を労働市場に参入させるための仕事の機会、及び知識及び技術向上のための訓練機会を提供することにあることに注目する。」とし、就労継続支援事業を職業リハビリテーションの機会と捉えていることが理解される。さらに、審査委員会は、「しかしながら、Ａ型は、障害労働者を労働契約に基づいて雇用するが、一方でＢ型は雇用関係を結ぶことなく生産活動の機会を提供しているので労働法は適用されていない。」とし、Ａ型とＢ型の区別を十分に理解した上で、「Ｂ型を利用している障害者は、未だ雇用関係に基づいて就労することが出来ないとみなされる者であるという日本政府の説明に注目する。」としている。

　雇用関係に基づいて就労できるかどうかの判断は、常に、困難を伴うものである。リハビリテーションに係わる者であれば、誰もが、「就労できるか」「できないか」を見極めることの難しさを体験しているはずである。にもかかわらず、日本政府の説明は、「未だ、雇用関係に基づいて就労することが出来ないとみなされる」とするのみで、その判断根拠を具体的に示すものではない。したがって、審査委員会が、「雇用関係に基づく就労と他の就労の

第2章 国際的なスタンダードからみた問題点

区別が実際にどのようになされるのか解明することができない」、「雇用関係に基づく就労が可能とみなされる時の判断基準についての情報も必要である」との意見を表明するのは当然のことであろう。

　前述の審査委員会の指摘に沿って、「授産施設における障害者が行う作業を、妥当な範囲で、労働法の範囲内に収める」ならば、A型及びB型の実質的な格差はなくなり、この問題は解消されることとなる。

　しかし、これによって、すべての問題が片付くわけではない。何故ならば、労働法が適用される就労継続支援事業であっても、「雇用関係に基づく就労が可能とされる」範囲を明確に規定することは、現実問題としては難しい。換言すれば、「雇用を目指すもの」と、「生きがい活動」を目指すものを如何に区分けするかという問題は、依然として残る。仮に、これを厳密に実施しようとすれば、「差別に繋がる」「サービスから排除する」「障害当事者の決定が尊重されない」などの議論を生み出すこととなり、この問題はタブー視されてきたことは否定できない。それが、日本政府の「未だ、雇用関係に基づいて就労することが出来ないとみなされる」とそっけなく説明する所以でもあろう。今後も、サービスの対象となる障害者の範囲について、明確な判断基準を設けないとするならば、多様な障害者が混在する結果となることが予測される。したがって、平成19年通達に基づいて、個別的に労働基準法上の労働者であるか否かを判断すれば、その多くが、雇用関係の成立する労働者として扱うことが可能ではあるとしても、そうでない者も含まれることも想定される。そこには、二種類の労働者が混在することとなり、経営戦略をさらに難しいものとする。

　障害の特性に応じた適切なサービスを提供するためには、どの様なサービスであれ、サービスの対象者となる障害者の範囲を明確に規定することは当然のことであり、これによって、はじめて目標達成をより確実にできる。そのための区別は、手段として行われるものであって、審査委員会の指摘する「サービスの提供に関する区別は、妥当かつ公正であるように取り計らわなければならない。」という原則に従うものならば、差別を助長するものとは言

えない。

　このためには、サービス入り口において、その後の就労（労働）そのものが可能か（逆に、生きがい活動＝ディ・サービスなど＝の選択が相応しいのか）といったことに関して、潜在的可能性を含めて、就労（労働）の能力を客観的・公正に評価する仕組み（この場合、試行的な期間を含めることは当然であろう）を構築し、必要なサービスを無駄なく、効果的に提供するためのシステム構築が強く求められる。これは、財源の効果的活用の上においても、重要な課題である。

　これに関し、岩田克彦は、「賃金補填制度や障害者年金・手当の支給に当たり、就労能力の評価判定を踏まえている国が多い（フランス、オランダ、イギリスなど）」ことに着目し、各国の取り組みを踏まえ、かつ、「イギリスでは、平成19（2007）年成立の福祉改革法により従来の就労不能給付（Incapacity Benefit）が雇用及生活補助手当（Employment and Support Allowance）に移行し、従来の「個人能力評価」から「就労能力評価」（Work Capability Assessment）と呼ばれる評価方式に変わったこと」を取上げ、「世界の福祉改革の大きな流れ―「できないこと」から「できること」を重視（from disability to ability）―に沿い、就労能力の制約評価、就労関連活動の制約評価、就労に焦点を置いた評価が行われている。」とし、さらに、我が国においても、「医療専門家と労働市場専門家との協力による障害者の就労能力評価システムの構築や就労と各種給付との連動そして就労・所得保障制度全体の総合調整を真剣に考える時期であろう。」（注24）と、新しい視点に立脚した就労（労働）能力評価システムを構築することが重要であると指摘している。

　我が国においても、各国の先行的な経験に学びつつ、就労（労働）能力評価制度の仕組みを構築し、これを的確に遂行できる様な組織体制の整備が求められる。この場合、当然のことながら、ICF（国際生活機能分類）の知見を最大限に活かし、かつ、「できないこと」から「できること」を重視するプラス評価を基本とするものでなければならない。

また、その様な評価は、心理検査などによってのみ行われるのではなく、実際の職場での業務遂行（必要不可欠な合理的配慮が前提となる）の実情などを総合的に勘案して行われるべきは当然である。

さらに、評価結果によりサービスの選択肢が確定されたとしても、個々の障害当事者の意志決定を最大限に尊重するものでなければならず、かつ、サービスの利用に当たっては、障害当事者への「説明と同意」（インフォームド・コンセント）を基本としなければならない。

したがって、新たな法整備にあたっては、これを規定することが求められる。

(3) 第3条、第4条及び第7条　障害者と労働者全般の間の機会均等

障害者の職業リハビリテーション及び雇用政策の推進において、最も基本となるのは、障害者と労働者全般の間の機会均等である。

第159号条約は、まず、第2条において、「加盟国は、国内事情及び国内慣行に従い、かつ、国内の可能性に応じて、障害者の職業リハビリテーション及び雇用に関する国の政策を策定し、実施し及び定期的に検討する。」とし、第3条において「前条の政策は、すべての種類の障害者に対し職業リハビリテーションに関する適当な措置が利用できるようにすることを確保すること及び開かれた労働市場における障害者の雇用機会の増大を図ることを目的とする。」とし、第4条において、「第2条の政策は、障害者である労働者と他の労働者との間の機会均等の原則に基づくものとする。障害者である男女の労働者の間における機会及び待遇の均等は、尊重されなければならない。障害者である労働者と他の労働者との間の機会及び待遇の実効的な均等を図るための特別な積極的措置は、他の労働者を差別するものとみなしてはならない。」とし、さらに、第7条において、「権限のある機関は、障害者が職業に就き、これを継続し及びその職業において向上することを可能にするための職業指導、職業訓練、職業紹介及び雇用に関する事業その他関連の事業を実施し及び評価するための措置をとる。労働者全般のための現存の事業

は、可能かつ適当な場合には、必要な調整を行った上活用する。」と規定している。

これらの規定の意味するところについて、審査委員会は、「条約第2条及び第3条で概要が述べられているように、条約に基づいて採用される国内施策は、職業リハビリテーション及び一般労働市場での障害者雇用促進の分野に対応するものでなければならないことを想起している。」として、「第7条は、加盟各国に対し、障害者が職業に就き、これを継続し、かつ、その職業にいて向上することを可能にすることを要望し、その様な措置についての限定的なリスト（職業指導、職業訓練、職業紹介及び雇用に関する事業その他関連の事業）を提供している。」こと、「第7条は、また、労働者全般のための現存の事業は、可能かつ適当な場合には、必要な調整を行った上で活用すると規定している。」こと、さらに、「第4条は、国内施策が推進及び尊重すべき原則として、障害者である労働者と他の労働者との間の機会均等の原則を規定し、実効的な均等を図るための特別な積極的措置に言及している。」と、他の労働者との間の機会及び待遇の実効的な均等を図るための特別な積極的措置の意味するところについて、補足的な説明をしている。

1）　就労継続支援事業（B型）における利用料支払義務を巡る問題

これらの規定に基づいて、提訴人は、新たに制定された自立支援法では、「労働法の下での職業リハビリテーションを受けている障害者が、追加負担も課されず、一定の手当さえ支給されて働く意欲を持つ一方で、社会福祉法（自立支援法）の下では職業リハビリテーションのサービスを受けている障害者は、新たな負担を課されていること」を問題提起している。

これを受けて、審査委員会は、「（障害者の雇用の促進等に関する法律）第123号及び職業能力開発促進法の下で、障害者は条約第7条に明記されている項目などの職業リハビリテーション及び雇用サービスは職安を通して無料で受ける資格（注25）があることに注目する。」とし、さらに、昭和30（1955）年の身体障害者の職業更生（職業リハビリテーション）に関する勧

第 2 章　国際的なスタンダードからみた問題点

告（第99号）の「生活費の支給、職業準備期間中の必要な交通費の支給」といった規定を受けて、訓練手当を支給するなど措置も講じられていることを十分に理解した上での疑問として、「就労継続支援事業（B型）の利用者に対して、職業リハビリテーションのサービスの利用料支払義務が導入されたことについて、繰り返し懸念を表明するものである。」としている。

　審査委員は、自立支援法の就労継続支援事業（B型）を取上げ、問題を提起しているが、これは、B型にあっては、そこに働く障害者には労働法が適用されないことから、実質的には、一般労働市場への参入を促進するためのサービス、即ち、第159号条約にいうところの職業リハビリテーションのサービスに他ならないとの認識を基礎とするものである。

　同じ職業リハビリテーションのサービスでありながら、一方の法制度（障害者雇用促進法及び職業能力開発促進法）では、無料の原則が守られているにもかかわらず、何故に、自立支援法においては、この原則がいとも簡単に破られているのか、その疑問が、「繰り返し、懸念を表明する」との表現に繋がる。

　審査委員会の問題提起は、B型に止まると考えてはならない。「ともに、福祉サービスとして捉えられている就労継続支援事業A型及びB型の目的は、通常の職場での就労が困難な者を労働市場に参入させるための仕事の機会、及び知識及び技術の向上のための訓練の機会を提供することであることに注目する。」とあることから、就労継続支援事業A型における自己負担も、「繰り返し、懸念を表明する」ものと理解すべきである。

　審査委員会は言及していないが、A型は、雇用関係が成立し、そこに働く障害者は、労働基準法上の労働者であるので、一律に利用料負担を求める措置については、労働関係法制上の疑義も指摘されなければならない。

2）　就労移行支援事業における利用料支払義務を巡る問題

　職業リハビリテーションのサービス利用料の支払義務を問題とすれば、就労移行支援事業における利用料負担も問題となる。そもそも、就労移行支

事業の目指すところは、一般雇用への移行であり、そのためのサービスは、一般の職業リハビリテーションのサービスとは重点の置き方（就労移行支援事業においては、就職前の指導よりも、雇用予定企業におけるOJT方式による訓練に重点が置かれる）が異なるとしても、第159号条約に規定する職業リハビリテーションのサービスに他ならない。

　雇用対策の一環として提供される職業リハビリテーションのサービスの無料原則との間に生ずる極めて大きな格差は、「すべての種類の障害者に対し、職業リハビリテーションに関する適当な措置が利用できるようにすることを確保する。」（第3条）という視点からみれば、極めて大きな問題となる。

　審査委員会が言及していないとは言え、B型を職業リハビリテーションのサービスとして捉えての問題指摘であることから、職業リハビリテーションのサービスそのものである就労移行支援事業における利用料負担も、「繰り返し、懸念を表明する」ものと理解すべきである。

　審査委員会は、この問題を極めて懸念すべきものと捉え、「条約がリハビリテーションのサービスの資金調達について明確に対処していない。」と、条約において特段の規定がないことを指摘しながらも、「職業リハビリテーションのサービスの無料提供を提言する第99号勧告の22（2）（注26）、及びすべての障害者の社会的統合の実現という条約の目的に注目し、……どの障害者もそのような事業の利用を阻止及び排除されることなく、やがては一般雇用への参入を推進するあらゆる取り組みが実施されることを希望する。」と述べ、この問題の抜本的な改善を日本政府に強く求めている。

　さらに、審査委員会は、「当委員会は、近年職安を通じて就労した障害者の数が増加していることに注目する。」とし、「日本政府が、福祉から雇用へ移行する障害者数の増加を目的として、福祉施設と雇用機関の間の協力と調整の強化を目指していることに注目する。」としている。しかし、「当委員会は、重点施策実施5カ年計画（平成20（2008）年から平成24（2012）年）で設定された目標に対するこれらの措置の効果を評価するためには、これ以上のかつ最新の統計資料が必要であると結論する。特に、就労継続支援事業

第 2 章　国際的なスタンダードからみた問題点

(B 型) から労働法により保護される就労継続支援事業 (A 型) へ、そして、やがては、一般雇用へと移行する障害のある男女数に関する資料が必要である。」と指摘し、今後の推移に深い関心を寄せている。

3) 統合的な支援システムを巡る問題

　審査委員会の指摘は、日本政府が、「B 型（雇用関係なし）」→「A 型（雇用関係が成立している）」→「一般雇用」への移行を目指した施策の推進をさらに強化し、実績を上げることを期待するものと考えられるが、このためには、福祉対策と雇用対策の連携、さらには、融合が強く求められる。

　これに関し、松井亮輔は、「我が国では、障害者自立支援法に基づき、就労移行支援事業及び就労継続支援事業（A 型、B 型とも）を利用する障害者は、利用料の定率負担を求められるが、……ドイツの障害者作業所をはじめ、各国のワークショップなどで就労する障害者にはそうした利用料の負担制度はないという。それは、欧米諸国では、一般就労に向けての訓練や、一般雇用にかわる就労の機会の提供を目的としたワークショップなどは、雇用対策の一環、あるいは雇用対策と密接にリンクしたものとして位置づけられているからである。」(注 27) と、各国の制度と比較しつつ問題を提起している。

　そして、このための解決策として、松井亮輔は、「我が国でも福祉工場や就労継続支援 A 型事業は勿論のこと、授産施設や就労継続支援 B 型事業などについても福祉施策から切離し、雇用施策の一環として位置づけるか、あるいは雇用施策と密接にリンクさせるべく、法改正が必要と思われる。そうすることで、一般就労を目指すという目的は同じであるにもかかわらず、職業能力開発促進法に基づく職業訓練では、訓練手当が支給され、障害者の雇用の促進等に関する法律に基づく障害者就業・生活支援センターやジョブ・コーチなどによる支援は無料。それに対し、就労移行支援事業では利用者の負担が求められる、といった制度上の矛盾が解消される。また、障害者が報酬のある就労機会を求めて授産施設などを利用しているにもかかわらず、利用料の定率負担を求められる、といった不合理な状況が改善されることにな

ろう。」(注28) と指摘する。

　同じ職業リハビリテーションのサービスを受けながら、上記のような格差が生じる原因は、法制度の設計時点での調整が十分に行われていないことによる。換言すれば、一般雇用と福祉的就労という二元的な仕組みをそのまま踏襲したことから、不可避的に生じたものであり、この二元的仕組みを統合させない限りは、問題の抜本的な改善は難しい。二元的仕組みによる施策が進行する中で、常に、両施策の密接な連携の必要性については、繰り返し、指摘されてきたにもかかわらず、依然として、これが根強く残っていることを政策立案者は、反省しなければならない。

　国際的なスタンダードに準拠した障害者施策の展開のためには、障害当事者の雇用の成立・維持・向上に係わる支援の必要性の程度に応じて、必要な支援（合理的配慮）が、連続的に行われる様に、雇用対策と福祉対策を統合した新たなシステム（融合システム）を確立することが望まれる。この場合、これまでに雇用対策においては、継続的な支援が必要な障害者（主として、知的・精神障害者）がいるにもかかわらず、雇用が成立した時点で、すべてのサービスは終了する仕組みとなっていたが、今後は、この見直しが強く求められる。

4)　雇用率制度の効果を巡る問題

　次に、提訴人は、一般雇用施策において大きな役割を果たしてきた雇用率制度についても、問題を提起している。即ち、「ILO条約・勧告は、加盟国に障害者と非障害者間の機会均等の確保を義務づけている」にもかかわらず、「日本政府は、障害者に職業訓練や雇用援助の機会均等の確保をもたらさないままである」とし、「第一番目には、法定雇用率が国内の障害者数の割合に比べて非常に低く設定されている事実がある。加えて、30年以上にわたり、法定雇用率が真の意味で達成されたことはなかった」ことは、「日本政府の障害者雇用施策に明らかに不備であることの証左である」と指摘している。

第2章　国際的なスタンダードからみた問題点

　審査委員会は、第159号条約第4条との規定を踏まえて、「条約は、実施すべき特別な積極的措置の種類について規定していないことに注目する。」とし、「しかしながら、その様な措置の計画や運用が実際には条約の目的及び原則に逆行するような場合は、条約に基づき問題が提起されることになろう。」と指摘する。

　そして、提訴人が問題提起する雇用率制度について、日本政府の提供情報を基礎としながら、「進展が一様ではないが概して障害者の就労（労働）促進に貢献してきた法律第123号（障害者の雇用の促進等に関する法律）に基づく雇用率制度関連では、こうした問題は生じていないようであると判断する。」としている。即ち、審査委員会の見解は、特別の積極的な措置の一つとしてある我が国の雇用率制度は、雇用を妨害する方向には機能しておらず、障害者と非障害者の機会均等の確保に寄与していると認め、これを評価するものである。

　しかし、その一方で、審査委員会は、「条約は、すべての種類の障害に適用されることを念頭に置きながら」、障害の種別に雇用率制度の適用が異なる仕組みとなっている我が国の雇用率制度に関連し、「現在は、身体及び知的障害者に限定している雇用率制度が、その他の種類の障害者の雇用機会に与える影響について調査することを要請するものである。」としている。

　雇用率制度に関して、審査委員会は、それ以上の言及はしていない。しかし、この制度は、雇用を妨害する方向には機能していないとしても、不可避的に生ずる問題があることも指摘しておかなければならない。

　まず、第一の問題は、障害者の定義、登録及び管理に係わる問題があげられる。どの様なタイプの雇用率制度であれ、対象となる障害者であるか否かは、行政官や事業主が、比較的容易に判断できるものでなければならない。このため、我が国では、雇用率制度の対象となるか否かの確認は、基本的には、障害者手帳によっている。しかし、手帳制度は、主として、機能障害の視点から、障害の範囲・程度が決定されるため、本来は対象とされるべき障害者が漏れてしまったり、手厚い措置（例えば、各種給付金の支給期間の延

長など）の対象とならないなどの問題を生じている。逆に、働く上では、必ずしも手厚い措置は必要とされないのにその対象となるなど、政策の費用効果の点でも問題が指摘される。

　第二の問題は、雇用率制度は、障害者雇用の量を規制するのみであって、必ずしも、雇用障害者の労働生活の質の向上へのインセンティヴとなるものではない。どの様な種類の障害者であれ、合理的配慮さえあれば、能力を発揮できるはずであるが、雇用率制度は、事業主にこれを直接的に求めるものではない。

　第三の問題は、雇用率制度は、労働者を健常者＝「正規グループ」(Normal Group) と障害者＝「二軍」(B-team) に分類することを意味する。障害はあっても、職場に慣れ親しみ、能力を十分に発揮し、会社にも貢献しているならば、もはや「障害者」として扱う必要はない。しかし、何ら遜色のない働き方をしていても、「正規グループ」として扱われることはなく、雇用率制度において、1人（又は2人）に算定される対象者にしか過ぎない。結果として、雇用率制度は、その制度によって雇用された障害者を囲い込み、烙印（stigma）を押すことに繋がるおそれが指摘される。特に、納付金制度に裏打ちされた雇用率制度にあっては、障害者＝"お客様"に加えて、"手間と金のかかる「労働者」"というマイナスのメッセージを植え付け兼ねない面も否定できない。

　審査委員会も、日本の雇用率制度については、「概して障害者の就労促進に貢献してきた」としているが、権利条約の批准に当たって、その前提となる雇用差別禁止規定を盛り込んだ国内法を整備する上で、雇用率制度を積極的な差別是正措置として残すべきか否かについて十分に検討することが求められる。

　このためには、上記の様に、雇用率制度そのものから生ずる根源的な問題点に加えて、提訴人の指摘する様に、「30年以上にわたり法定雇用率が真の意味で達成されたことはなかった」こと、そして、「このことは、日本政府の障害者施策の明らかに不備のある証左である」との指摘を、真摯に受け止

第2章　国際的なスタンダードからみた問題点

め、存続させるべきか否かも含めた検討が望まれる。

　因みに、平成22（2010）年5月の「障害者制度改革の推進のための基本的な方向（第一次意見）（素案2）においては、「障害者雇用率制度（法定雇用率、ダブルカウント制、特例子会社制度など）、障害者雇用納付金制度（納付金の額、助成金の対象と期間など）については、雇用の促進と平等な取扱いという視点からその在り方を検証した上で、積極的差別是正措置としてより実効性のある具体的な在り方を検討する。」とされている。

　それぞれの括弧内に書かれた事項は見直しを求めるものの例示と思われるが、今一度、(1) 障害者の雇用は、何故に、法的義務とされなければならないのか、(2) この責務を実現させるための手段である雇用率制度は、雇用の促進と平等な取扱いという視点から問題はないのか、(3) 雇用率制度は、労働生活の質の向上に寄与するものなのか、(4) 納付金制度における障害者の雇用には追加的経費がかかるという考え方を基礎とした施策が、労働の権利保障を進めるという条約の理念と一致するのかなど、基本にかえって、問い直すことからスタートしなければならない。その様な過程を経ない限りは、雇用率制度は、積極的差別是正措置とはなり得ないことを忘れてはならない。

5)　合理的配慮を巡る問題

　障害当事者が、働く場面において、障害者と他の者との間の機会均等を確保し、社会への統合を促進するに当たって、最も基本となるのは、雇用の成立・維持・向上の過程における合理的配慮（職場におけるハード・ソフト両面にわたる環境の整備、作業設備の改善、職場への適応を促進するための指導など）である。

　この合理的配慮は、他の労働者を差別するものではなく、かつ、障害労働者にとっては、これによって、はじめて職業的自立へのスタート地点に立つことができるものであり、機会及び待遇の均等の基盤となるものと考えなければならない。

これに関し、審査委員会は、「合理的配慮は障害のある労働者と労働者全般の間の機会及び待遇の均等という原則を推進し、かつ、尊重を確保する上で不可欠であると強調する。」とし、「当委員会は、日本政府が職場適応をはじめとする職場における障害者管理に関して事業主指導を行っていることに注目し、日本政府が、合理的配慮に関する研究グループ（注29）を計画したことを歓迎する。かつ、この取り組みが、条約の適用上の強化に貢献することを希望する。」としている。

　そして、合理的配慮に関し、審査委員会は、確認的に、「これに関して、当委員会は、合理的配慮を行う上で事業主の義務の明確化は重要である。」と合理的配慮を事業主の責務とすることの重要性を指摘している。

　合理的配慮に関し、日本政府は、事業主の責務とするか否かについては、特段のコメントはしていないが、障害者雇用促進法に基づく納付金・助成制度に言及し、「この法律では、法定雇用率未達成企業に納付金を課し、達成企業には調整金若しくは報奨金を支給する。さらに、障害者雇入れの態勢を整備するため作業施設を設置又は改造する、若しくは重度障害者のための職場介助者を配置する事業主には助成金が支給される。日本政府は、また、民間の事業主に対して職場での障害管理に関する行政指導を実施している。」として、合理的配慮のための措置が講じられているとしている。

　確かに、日本政府の指摘する様に、合理的配慮のための措置の実施において、助成金は重要な役割を果たしていることは否定でいない。しかし、この様な措置は、障害者雇用促進法第5条において、「すべて事業主は、障害者の雇用に関し、社会連帯の理念に基づき、障害者である労働者が有為な職業人として自立しようとする努力に対して協力する責務を有するものであつて、その有する能力を正当に評価し、適当な雇用の場を与えるとともに適正な雇用管理を行うことによりその雇用の安定を図るように努めなければならない。」と規定されている様に、障害者の自立努力を前提とし、障害者を雇用しようとする事業主の努力義務であって、法的義務とはされていない。

　助成金が支給されるとしても、あくまで、事業主の実施した措置に伴う追

加的経費の一部負担であって、助成金は、合理的配慮への強力なインセンティヴとはならない。

　この様な点を総合的に勘案すれば、障害者の雇用の成立・維持・向上の過程において必要不可欠な最小限の合理的配慮に関して、審査委員会の指摘するように、事業主の責務とする明文の規定を置き、これらの実施を法的義務として位置づけることが求められる。

　合理的配慮は、権利条約第2条の定義において、「均衡を失した又は過度の負担を課さない」ものと規定されている。これは、この様な合理的配慮については、結果としては、障害当事者に大きな心理的負担を与え、一方、これを理由とする不当な差別が生まれるのを防止する意味を込めたものと考えられる。しかし、合理的配慮は、それが、均衡を失するような、あるいは、過度の負担を伴わないものであっても、事業主に、追加的な経費負担を求めるものである（負担額が、経営の上でのどの程度に負担になるかは別として）。これを、すべて事業主負担とするならば、合理的配慮は、障害者当事者のニーズに十分には対応できないこともあり得る。

　現行の助成措置については、納付金を財源とするものであり、その性格上、障害者の雇用が進めば、財源は乏しくなる（調整金・報奨金の余剰財源に過ぎない）ので、安定的な財源とは言えない。また、財源規模は、必ずしも大きなものではない。

　合理的配慮の実施に当たって、「均衡を失した又は過度の負担を課さない」という基本に忠実であるならば、それは、ユニバーサルデザインの視点を重視したものとなろう。とすれば、合理的配慮は、直接的には、障害当事者に必要不可欠なものであり、同時に、障害者雇用企業に働くすべての労働者にも役立つ（その時点では、役立つことはないかもしれないが、労働者の高齢化が進めば、その恩恵に浴する労働者も増加するであろうし、あるいは、労働災害などにより障害者となったなどの場合には役に立つ）と考えられる。

　この様な視点から合理的配慮を考えるならば、障害者雇用に係る追加的な負担を企業全体で調整しようとする納付金制度ではなく、事業主自身と、企

業に働く障害者を含む労働者全体で支えるためのより安定的な財源確保の措置も併せて導入することが求められる。

一方の福祉的就労についても、それが就労（労働）の場である以上は、合理的配慮の視点も忘れてはならない。障害者総合福祉法の骨子（後述）においては、現在制度化されている「就労移行支援事業・就労継続支援事業（A型）・（B型）・生産活動に取り組む生活介護事業・地域活動支援センター・小規模作業所など」どについては、「障害者就労センターとデイアクティビティセンター（作業活動支援部門）として再編する」とされているものの、その詳細は、現時点では予測できない。それがどの様なものであれ、そこにおいて働く障害当事者の能力をより発揮させ、就労（労働）をより安定させ、向上させる上において、一般雇用以上に、個々の障害当事者のニーズに合致する合理的配慮が求められる。

しかし、障害者総合福祉法の骨子には、この様な合理的配慮の実施を確実に求める施策は盛り込まれていない。審査委員会の指摘に従って、福祉的就労にあっても、「妥当な範囲で、労働法の範囲内に収め」、一般企業として位置づけるならば、合理的配慮は、必然的に、法的義務となり、その履行に必要な経費についても助成する道が開け、その実施を担保することができる。

福祉的就労を一般雇用へ融合させることは難しいという言い訳に終始してはならない。そのためには、雇用施策と福祉施策という縦割りを乗り越えて、どの様な条件整備をすべきかが問われなければならない。

(4) 国内施策の施行及び定期的検討

第159号条約第2条においては、「加盟国は、国内事情及び国内慣行に従い、かつ、国内の可能性に応じて、障害者の職業リハビリテーション及び雇用に関する国の施策を策定し、実施し及び定期的に検討する。」と規定されている。

この規定に基づいて、審査委員会は、「日本が条約の規定を実行しようと努力しているという結論を下すものの、日本政府は引き続き定期的に有効性

第 2 章　国際的なスタンダードからみた問題点

を評価する手段として国内政策を見直し、労働者及び事業主団体、障害当事者団体・障害者支援団体と協議の上、必要に応じて適用、補完することを要請する。当委員会はこれに関連する日本政府の現在の取り組みを歓迎し、この様な取り組みが障害をもつすべての男女の社会及び職業における統合に対する妨害を積極的に排除し、労働者全般と対等な立場での雇用及び就労における機会及び待遇の均等を推進かつ確保する上で、有効に貢献することを希望する。」と述べている。

その上で、審査委員会は、「理事会は日本政府に対し、前述の結論で提起された事項に十分注目し、かつ、平成22（2010）年予定のILO憲章第22条に基づく次回の条約に関する年次報告においてこれらについての詳細な状況を盛り込むことを要請すること」及び「理事会は、条約・勧告適用専門員会に、職業リハビリテーション及び雇用（障害者）に関する条約（第159号、1983年）の適用に関して提起された問題に対する調査のフォローアップに委ねること」を、理事会に対して勧告し、これをもって、提訴人からの申し立ての審議手続を終了する（平成21（2009）年3月）としている。

即ち、審査委員は、提訴人の指摘する様な明確なILO条約違反はないとし、日本政府が条約の規定の実行に努めていることは認めるものの、それに止まることなく、関係団体と協議の上、さらなる改善が行われることを、強く、期待している。

条約・勧告適用専門員会においては、日本政府の報告を受けて、さらなる検討が深められ、その結果、新たな問題提起も想定される。

今回の審査委員会の結論は、あくまで、中間的な取り纏めに過ぎないと考えなければならない。

（注1）国連人権（社会権）規約委員会：各国の「経済的、社会的及び文化的権利に関する国際条約」の実施状況を監視するために設置される。
（注2）ILO（International Labour Organization：国際労働機関）は、世界の労働者の労働条件と生活水準の改善を目的とする国連の専門機関。本部はジュネーブ、ILOには、188の条約と200の勧告がある（平成22（2010）年6月現在）。条約を批准する場合に

は、批准権限を持つ機関（日本では、国会）に提出しなければならない。日本は、47の条約を批准しているが、これは全条約のうち約4分1、ヨーロッパ諸国のおよそ半分の水準となっている。

(注3) ICF：WHOが、昭和55（1980）年に発表した「国際障害分類」（IDIDH）にあっては、身体機能の障害による生活機能の障害（社会的不利）を分類するという考え方が中心であったのに対し、ICFは、生活機能というプラス面からみるように視点を転換し、さらに環境因子などの観点を加える改善が行われた。ICFの障害概念は、現時点では、最適なものと考えられている。

(注4) ユニバーサルデザイン：権利条約第2条定義において、「ユニバーサルデザインとは、調整又は特別な設計を必要とすることなく、最大限可能な範囲ですべての人が使用することのできる製品、環境、計画及びサービスの設計をいう。ユニバーサルデザインは、特定の障害者の集団のための支援装置が必要な場合には、これを排除するものではない。」と説明している。

(注5) 障害者福祉研究会：障害者自立支援法―障害程度区分認定ハンドブック―、中央法規、14〜21, 2006

(注6) 職業の要素：尾高邦雄は、「職業社会学」（昭和16（1941）年、岩波書店）の中で、職業とは、「個性の発揮、社会連帯の実現及び生計の維持をめざす、人間の継続的な行動様式である」と定義している。

(注7) 昭和26年通達：昭和26年基収第3281号厚生省社会局長通知においては、(1) 授産施設の作業員の資格は、原則として市町村長などが保護を必要と認める者とされ、当該授産施設を利用させることによって生業を扶助されるものに限られていること、(2) 授産施設においては、作業員の出欠、作業時間、作業量などが作業員の自由であり、施設において指揮監督をすることがないこと、(3) 加工すべき品目については、作業員の技能を考慮して授産施設において割り当てるものであっても差し支えないが、同一品目の工賃は、作業員の技能により差別を設けず同額であること、(4) 作業収入は、その全額を作業員に支払うこと。ただし、授産施設において補助材料などを負担した時は、材料購入に要した実費を控除した額を下回るものでないこと、(5) 授産施設の運転資金、人件費、備品費などの事務費、事業費又は固定資産の償却などの経費は、当該施設の負担（補助金、寄付など）においてなされること、を理由として、労働関係法制は適用されないこととされた。

(注8)「雇用の分野における男女の均等な機会及び待遇の確保等に関する法律」第3章
紛争の解決・第一節　紛争の解決の援助
（苦情の自主的解決）
第15条　事業主は、第6条、第7条、第9条、第12条及び第13条第1項に定める事項（労働者の募集及び採用に係るものを除く。）に関し、労働者から苦情の申出を受けたときは、苦情処理機関（事業主を代表する者及び当該事業場の労働者を代表する者を構成員とする当該事業場の労働者の苦情を処理するための機関をいう。）に対し当該苦情の処理をゆだねる等その自主的な解決を図るように努めなければならない。
（紛争の解決の促進に関する特例）

第2章　国際的なスタンダードからみた問題点

　第16条　第5条から第7条まで、第9条、第11条第1項、第12条及び第13条第1項に定める事項についての労働者と事業主との間の紛争については、個別労働関係紛争の解決の促進に関する法律（平成13年法律第112号）第4条、第5条及び第12条から第19条までの規定は適用せず、次条から第27条までに定めるところによる。
（紛争の解決の援助）
　第17条　都道府県労働局長は、前条に規定する紛争に関し、当該紛争の当事者の双方又は一方からその解決につき援助を求められた場合には、当該紛争の当事者に対し、必要な助言、指導又は勧告をすることができる。
　2　事業主は、労働者が前項の援助を求めたことを理由として、当該労働者に対して解雇その他不利益な取扱いをしてはならない。
（注9）労働三権：「団結権」「団体交渉権」「争議権」を合わせて「労働三権」と言われる。「団結権」とは、労働者がよい労働条件を保持し、悪い労働条件を改善するために団体を結成することを保障した権利、「団体交渉権」とは、より良い労働条件を獲得するために交渉することを保障した権利、「争議権」とは、団体交渉が決裂した場合に、自分たちの要求を実現するために争議行為（ストライキ）を行っても、刑事罰を受けたり、会社を解雇されたりしないということを保障した権利を言い、この規定を受けて、我が国では、労働組合法が整備されている。
（注10）雇用の成立・維持・向上：ILOの「職業リハビリテーション及び雇用（障害者）に関する条約」（第159号条約）においては、職業リハビリテーションの目的を、すべての種類の障害者が、「適当な職業に就き、それを継続し及びその職業において向上することを可能にし、それにより障害者の社会における統合又は再統合の促進を図ることにある」と規定されている。単に、雇用関係の成立のみを目標としているものではない。また、現代社会では、職業は、一般的には雇用によって実現されるものであるので、この趣旨を踏まえ、「雇用の成立・維持・向上の過程」と表現する。
（注11）河原正明：NPO法人播磨地域福祉サービス第三者評価機構・事務局長、アビリティーズ協会主催の「福祉エキスポ・2008」（大阪）すべての障害者が生きがいを持って働けるようにするために＝一般雇用と福祉的就労の統合＝における身体障害当事者を代表した意見発表から引用
（注12）障害者就業・生活支援センター：「障害者の雇用の促進等に関する法律の一部改正」（2002（平成14）年）により、障害者の職業生活における自立を図るための就業支援や就業に
伴う日常生活、社会生活上の支援を行うために創設されたもの。知事の指定を受けたセンターの運営に対して、国の助成措置（雇用安定等事業、生活支援等事業）が講ぜられている。都道府県が定める障害保健福祉圏ごとに1カ所ずつのセンター設置を目指す。
（注13）「働き・暮らし応援センター」：地域（各福祉圏域）に設置され、障害者の就労ニーズと企業の雇用ニーズをマッチングさせる取り組みを進めるとともに、多様な就労ニーズに応じた新たな仕事や雇用形態などを生み出すことを目指す。業務内容・特徴としては、(1) 障害者生活支援センターなどの関係機関との連携を密にし、サービス調整会議を活用して障害者の生活実態や就労ニーズに対応した、生活から就労に至る一体的・

総合的な支援を行う、(2) センターには、「生活支援ワーカー」「雇用支援ワーカー」「職場開拓員」「就労サポーター」「就労ピアカウンセラー」を一体的に配置され、(3) 就労に対する多様なサービスを1ヶ所で提供できるワン・ストップ・サービスの機能を有することが特徴とされる（現在、6カ所が稼働）。支援実績が上がり次第、順次、国の障害者就業・生活支援センター事業を取り組んでいくこととされており、生活支援ワーカー、雇用支援ワーカーは、国の事業に切り替えられる。「働き・暮らし応援センター」の支援実績が上がり次第、順次、国の障害者就業・生活支援センター事業を取り組んでいくこととされている。

(注14)　(注11) に同じ

(注15)　大阪府ジョブライフサポーター事業：平成17（2005）年より大阪府の単独事業として実施、府下（政令指定都市を除く）の施設や作業所の利用者を対象に、施設との連携の下に、職場開拓から職場定着に至までの就労及び生活両面に渡る支援を実施するもの。支援期間は、6ヶ月以内（それ以降においても必要な場合は支援を実施）とされる。

(注16)　先進諸国の条約批准率：批准率の高い国としては、フランス（63.2％）、イタリア（60.8％）、イギリス（48.8％）、ドイツ（45.7％）など、一方、批准率の低い国としては、日本（26.5％）があげられる。日本は常任理事国であるが、労働者保護に係わる重要な条約（1号条約（1日8時間・週48時間制）、47号（週40時間制）、132号（年次有給休暇）、140号（有給教育休暇）など）が未批准となっている。

(注17)　労働省編・労務行政研究所発行の「ILO条約・勧告集」においては「身体障害者」とされているが、原文は、(b) the term disabled person means an individual whose prospects of securing and retaining suitable employment are substantially reduced as a result of physical or mental impairment. したがって、「障害者」と翻訳すべきもの。身体障害者として訳した結果、(b)「身体障害者」とは、「身体的及び精神的損傷の結果、適当な職業に就き、かつ、それを継続する見込が相当に減退している者をいう。」となり、身体障害者の定義が、その内容と合致していないという問題が指摘される。

(注18)　WI（Workability International）URL：www.workability-international.org
(1) 目的：WIは、障害のある人が、他のいかなる人々と同様に、就労する権利と雇用機会及び雇用の場での平等性を有するべきであるとし、世界のあらゆるところで、障害のある人や社会の底辺にいる人たちの就労する権利を擁護することを第一の活動目的としています。この権利は、障害のある人が職業面で最大に能力を発揮するために、十分な支援や訓練の機会が提供されて初めて保障されているといえます。WIは、また、障害者への就労プログラムの提供に関する、可能な限り高レベルの国際基準の設定を追求しています。
(2) 沿革：WIは、1987年11カ国の創設メンバーによりスウェーデンにおいて設立されました。当時の名称はIPWHでしたが、2002年1月の年次総会での現在の名称に変更されました。WIは、イギリスに登録されている非営利法人で定款に基づき活動を行っています。理事会は、アメリカ、アジア、ヨーロッパ、オセアニア、及び途上国を代表する理事で構成されています。4つの地域のグループ（アメリカ、アジア、ヨーロッ

第2章　国際的なスタンダードからみた問題点

パ、オセアニア）が、それぞれの地域の活動を行っています。全体としては年に一度総会を開いています。
(3) 会員：障害者への就労機会や雇用サービスの提供などを行う団体や就労支援分野で活動をする団体により構成されています。
(4) 活動内容：
・国際機関との連携（国連経済社会理事会特別諮問機関、ILO 国際 NGO リストメンバー、アジア太平洋経済社会委員会（ESCAP）メンバー）
・政府や国際機関への政策助言、国際条約や勧告の実施のための支援
・各国の障害者就労、雇用の関連分野に関する情報提供

(注19) 国際労働機関憲章第24条：加盟国のいずれかが当事国である条約の実効的な遵守をその管轄権の範囲内において何らかの点で確保していないことを使用者又は労働者の産業団体が国際労働事務局に申し立てた場合には、理事会は、このことをその対象となった政府に通知し、かつ、この事項について適当と認める弁明をするようにその政府に要請する。

(注20) 第159号条約前文において、「すべての種類の障害者が雇用され、かつ、社会において統合されるようにするため、農村及び都市の双方においてこれらの障害者に対して、機会及び待遇の均等を確保する必要性を特に勘案したこの問題に関する新たな国際基準（第159号条約）を採択することが適当となったことを考慮し……職業リハビリテーションに関する提案の採択を決定し」と、記述されているように、機会及び待遇の均等を確保するという視点に立てば、保護生産作業施設での行う作業についても、一定の最低基準を満たすべきは当然とされる。

(注21) 第168号勧告は、第10において、「障害者の雇用の機会で、労働者一般に適用される雇用及び賃金の基準に合致するものを増大するための措置をとるべきである。」とし、さらに、第11 (f) において、「障害者による及び障害者のための（並びに、適当な場合には、労働者一般にも開かれる）小規模産業、協同組合その他の形態の生産作業施設の設立及び発展のために適当な政府援助を行うこと」とし、さらに、「ただし、この様な作業施設は、所定の最低基準を満たすものであることを条件とする」と規定する。

(注22) 第99号勧告は、Ⅷにおいて、第32において、「権限のある機関は、適宜民間団体と協力して、雇用市場における通常の競争に耐えられない身体障害者のために、保護あれた状態の下で行われる訓練及び雇用のための施設を設けかつ発展させる措置を執るべきである」と規定し、第35において「賃金及び雇用条件に関する法規が労働者に対して一般的に適用されている場合には、その法規は、保護雇用下にある身体障害者にも適用すべきである。」と規定する。

(注23) 第159号条約第4条は、「第2条の施策（障害者の職業リハビリテーション及び雇用に関する国の政策）は、障害者である労働者と他の労働者との間の機会均等の原則に基づくものとする。障害者の男女の間における機会及び待遇の均等は、尊重されなければならない。障害者である労働者と他の労働者との間の機会及び待遇の実効的な均等を図るための特別な積極的措置は、他の労働者を差別するものとはみなしてはならない。」と規定している。

(注24) 岩田克彦:「福祉的就労分野での労働法適用拡大に向けた3つの選択肢」(福祉的就労分野における労働法適用に関する研究会～国際的動向を踏まえた福祉と雇用の積極的融合～) 2009年11月、福祉的就労分野における労働法適用に関する研究会発行
(注25) 無料の原則:障害者雇用促進法では、第26条において、「障害者職業センターにおける職業リハビリテーションの措置は、無料とする」と規定され、利用者は、基本的には無料でこの措置を受けることができるように措置され、また、「職業能力開発促進法」第23条においても、「公共職業訓練のうち、職業能力開発校及び職業能力開発促進センターにおいて職業の転換を必要とする求職者その他の厚生労働省令で定める求職者に対して行う普通職業訓練並びに障害者職業能力開発校において求職者に対して行う職業訓練は、無料とする」と、同様の規定が整備されている。
(注26) 第99号勧告22(2)「経済上の援助は、無料の職業更生施設の提供、生活費支給、職業準備期間中の必要な交通費の支給、金銭の貸与並びに必要な器具及び補装具その他の用具の供給を含む。」と規定している。
(注27) 松井亮輔:「国際的動向からみた福祉的就労分野の課題と方向」(福祉的就労分野における労働法適用に関する研究会～国際的動向を踏まえた福祉と雇用の積極的融合～) 平成21(2009)年11月:福祉的就労分野における労働法適用に関する研究会発行
(注28) (注27)に同じ
(注29) 労働・雇用分野における障害者の権利条約への対応の在り方に関する研究会・設置の趣旨:国連において採択され権利条約については、早期の条約締結に向けた検討が求められる。労働・雇用分野に関しては、「職場における合理的配慮の提供」という新たな概念が盛り込まれていることなどもあって、障害者雇用促進法制においてどのような措置を講ずべきか、考え方の整理を早急に開始する必要がある。このため、労使、障害者関係団体などの関係者から成る研究会を設け、合理的配慮その他の対応の在り方について検討を行うものである。

第3章　障害者制度の改革を巡る動向

　我が国は、上述の様に、障害者政策の国際的な変化に必ずしも敏感に即応しているとは言えない。しかし、この問題の根本的な解決のためには、国際的なスタンダードである国連・障害者の権利条約及びILOの職業リハビリテーション（障害者）に関する条約・勧告などに素直に耳を傾け、恩恵的発想から権利保障に立脚した政策転換を図ることが強く求められる。

　ここで思い起こすべきは、大正7（1918）年、呉　秀三が、『精神病者私宅監置ノ実況及ビ其統計的観察』の中で、「我が国十何万の精神病者はこの病を受けたるの不幸のほかに、この国に生まれたるの不幸を重ぬるものというべし」という言葉である。

　世界の各国が、国際的なスタンダードに合致するように、障害者政策を見直し、転換を図っているとき、一人我が国のみが、この流れに取り残されるならば、障害者は、二重の不幸を「重ぬる」ことを忘れてはならない。また、ILO条約・勧告違反の申告人の「日本は世界第2位の経済大国であり、アジアの中では社会福祉のリーダー的存在とされているにもかかわらず、職業リハビリテーションと障害者雇用施策に関するILO条約と勧告を、長い間、そうとは知りながら無視してきている。」との指摘に、真摯に応えていかなければならない。

　我が国は、アジア諸国に対して、医療をはじめ職業、社会リハビリテーションなどのサービスに関して、様々な技術協力を実施してきた。その様な立場にある我が国としては、障害者福祉・雇用政策面でも、リーダー的存在であることを目指して努力することが求められている。

第1節　障害者自立支援法違憲訴訟

　我が国においても、制度改革へ向けての検討が進められている。ここではその様な制度改革に焦点を当て、今後を展望することとしたい。そのため

に、まず取り上げられるべきは、ILO提訴への契機ともなった自立支援法の違憲訴訟である。

1 違憲訴訟の背景

　自立支援法は、既にみたように、これまでの福祉の流れを変える画期的な部分もあったことは認めなければならないが、その一方で、やや拙速に、提案されたことは否めない。このため、日本障害者協議会（JD）をはじめとする多くの障害当事者団体からの反発には大きなものがあった。その中心は、施策の柱の一つを構成しているサービス利用料の1割負担を義務付けたいわゆる「応益負担」（所得とは関係なく、一定率で負担を求める）を巡るものであった（しかも、サービスを多く利用する重度の障害当事者ほど負担額は大きくなる仕組みであった）。しかし、応益負担の導入を図りながらも、障害基礎年金の引上げや福祉的就労における工賃アップ方策も整備されることはなかった。

　このため、障害基礎年金に依存する障害者は、サービスを利用すれば、1割の自己負担を求められ、かつ、必要とされるサービスを利用すればそれだけ自己負担が増えることから、生活そのものの破壊が懸念された。また、授産施設などで働く人たちにあっては、新たにサービス利用料の負担を求められ、工賃よりも利用料負担が大きくなってしまうなど、働くことの意味さえなくなってしまう事態が起こってきた。この結果、障害者は、再び、在宅という選択をせざるを得ないという深刻な問題も提起されてきた。それは、障害当事者の自立への努力を否定することに繋がる。

　そうした中で、平成20（2008）年9月、全国の71名の原告・弁護団（注1）は、「（障害者自立支援法は）、障害を自己責任のように感じさせ、生存権の保障を定めた憲法に反する」、「障害が重いほど負担も重い（応益負担の）法律は、憲法違反」とし、裁判に訴えた。

　原告の主張は、憲法第13条「すべて国民は、個人として尊重される。生命、自由及び幸福追求に対する国民の権利については、公共の福祉に反しな

い限り、立法その他の国政の上で、最大の尊重を必要とする。」、第14条「すべて国民は、法の下に平等であって、人種、信条、性別、社会的身分又は門地により、政治的、経済的又は社会的関係において、差別されない。」、第25条「すべて国民は、健康で文化的な最低限度の生活を営む権利を有する。」といった規定を根拠とするものであった。

　自立支援法が成立したのは、平成17（2005）年11月7日のことである。世界に目を転ずれば、その1年後の平成18（2006）年12月に、国連において、「障害者の権利条約」が採択されたことが指摘される。

　この条約についての検討のスタートは、平成13（2001）年12月の第56回国連総会において、メキシコ提案になる「障害者の権利及び尊厳を保護・促進するための包括的総合的な国際条約」決議案が採択されことに始まる。その後、国際条約に関する諸提案について検討するため、「アドホック委員会」の設置などが決定され、同委員会は8回にわたって開催され、条約作成の是非も含め、その内容についての検討が深められ、平成18（2006）年12月に、「障害者の権利条約」として採択された。

　その様な中において、自立支援法の骨格となる障害者改革のグランドデザインが平成16（2004）年に提案され、これを基礎として検討が深められ、平成17（2005）年10月、自立支援法は成立した（平成18（2006）年10月1日から全面施行）。

　このように、国連における権利条約採択へ向けての検討と、我が国における自立支援法の制定へ向けての検討の過程は、ほぼ、同時並行していたこととなる。

　障害者の権利条約は、「すべての障害者（より多くの支援を必要とする障害者を含む）の人権を促進し、及び保障することが必要」とし、世界各国に障害者差別禁止法制の整備を求めるものであった。国連における権利条約を巡る様々なやりとりは、我が国政府も当然のことながら、これを知る立場にあった。その窓口は、外務省としても、そこを通じて、厚生労働省をはじめとする関係省庁には、情報が流されていたはずであり、特に、厚生労働省の

関係部局は、いずれ、この権利条約の国会批准が求められることも想定し、高い関心を持って、権利条約の動向をフォローしてきたはずである。

　しかし、自立支援法については、事情は全く異なる。世界の障害者施策の大きな変革の流れに逆行する方向で、施行後3年余りで憲法違反を問われるような法案が構想されていたことは、障害者に係わる各種団体や行政関係者の「障害当事者の権利と尊厳を守る」という意識が如何に薄いものであったか、また、同時に、「障害当事者の声を聞く」という行政関係者の努力が如何に不十分であったかの証左でもある。

　行政関係者は、障害者団体などを窓口として、障害当事者の意向を汲み取ってきたと主張するであろうが、残念ながら、我が国においては、真の意味での「Nothing about us without us!」（私たち抜きに私たちのことを決めるな！」）という基本原則は守られなかったと指摘せざるを得ない。

2　基本合意の成立

　この違憲訴訟について、関係者は大きな関心を持ってことの成り行きをみていたが、新政権においては、政府からの話合い解決に向けた呼びかけがなされ、平成22（2010）年1月7日、原告団、弁護団と長妻昭（当時）・厚生労働大臣の三者間で、基本的な合意が成立した。この合意においては、自立支援法の実施によって、障害者に悪影響をもたらしたことについて、厚生労働大臣は、「皆様の尊厳を著しく傷つけ、心からの反省の意を表し」、「障害者施策の新しいページを切り開いていただき感謝申し上げる。」と表明し、自立支援法を廃止した後、平成25（2013）年8月までに新制度を制定するとされた。また、これらの検討過程には、自立支援法の反省を踏まえて、障害当事者を参画させることが合意事項の一つとして明記された。これによって、各地方の裁判にあっても、順次和解が進められ、平成22（2010）年4月21日の東京地裁での和解を最後に、一連の訴訟は終結した。

　「障害者自立支援法違憲訴訟原告団・弁護団」と国（厚生労働省）との基本合意文書の内容は、次の様なものである。

「障害者自立支援法違憲訴訟の原告ら 71 名は、国（厚生労働省）による話合い解決の呼びかけに応じ、これまで協議を重ねてきたが、今般、本訴訟を提起した目的・意義に照らし、国（厚生労働省）がその趣旨を理解し、今後の障害福祉施策を、障害のある当事者が社会の対等な一員として安心して暮らすことのできるものとするために最善を尽くすことを約束したため、次のとおり、国（厚生労働省）と本基本合意に至ったものである。

<u>一　障害者自立支援法廃止の確約と新法の制定</u>

　国（厚生労働省）は、速やかに応益負担（定率負担）制度を廃止し、遅くとも平成 25 年 8 月までに、障害者自立支援法を廃止し新たな総合的な福祉法制を実施する。そこにおいては、障害福祉施策の充実は、憲法などに基づく障害者の基本的人権の行使を支援するものであることを基本とする。

<u>二　障害者自立支援法制定の総括と反省</u>

1　国（厚生労働省）は、憲法第 13 条、第 14 条、第 25 条、ノーマライゼーションの理念などに基づき、違憲訴訟を提訴した原告らの思いに共感し、これを真摯に受け止める。

2　国（厚生労働省）は、障害者自立支援法を、立法過程において十分な実態調査の実施や、障害者の意見を十分に踏まえることなく、拙速に制度を施行するとともに、応益負担（定率負担）の導入などを行ったことにより、障害者、家族、関係者に対する多大な混乱と生活への悪影響を招き、障害者の人間としての尊厳を深く傷つけたことに対し、原告らをはじめとする障害者及びその家族に心から反省の意を表明するとともに、この反省を踏まえ、今後の施策の立案・実施に当たる。

3　今後の新たな障害者制度全般の改革のため、障害者を中心とした「障がい者制度改革推進本部」を速やかに設置し、そこにおいて新たな総合的福祉制度を策定することとしたことを、原告らは評価するとともに、新たな総合的福祉制度を制定するに当たって、国（厚生労働省）は、今後推進本部において、上記の反省に立ち、原告団・弁護団提出の本日付要望書を考慮の上、障害者の参画の下に十分な議論を行う。

三　新法制定に当たっての論点

原告団・弁護団からは、利用者負担の在り方などに関して、以下の指摘がされた。

①　支援費制度の時点及び現在の障害者自立支援法の軽減措置が講じられた時点の負担額を上回らないこと。

②　少なくとも市町村民税非課税世帯には利用者負担をさせないこと。

③　収入認定は、配偶者を含む家族の収入を除外し、障害児者本人だけで認定すること。

④　介護保険優先原則（障害者自立支援法第7条）を廃止し、障害の特性を配慮した選択制などの導入を図ること。

⑤　実費負担については、厚生労働省実施の「障害者自立支援法の施行前後における利用者の負担などに係る実態調査結果について」（平成21（2009）年11月26日公表）の結果を踏まえ、早急に見直すこと。

⑥　どんなに重い障害を持っていても障害者が安心して暮らせる支給量を保障し、個々の支援の必要性に即した決定がなされるように、支給決定の過程に障害者が参画する協議の場を設置するなど、その意向が十分に反映される制度とすること。

そのために国庫負担基準制度、障害程度区分制度の廃止を含めた抜本的な検討を行うこと。

国（厚生労働省）は、「障がい者制度改革推進本部」の下に設置された「障がい者制度改革推進会議」や「部会」における新たな福祉制度の構築に当たっては、現行の介護保険制度との統合を前提とはせず、上記に示した本訴訟における原告らから指摘された障害者自立支援法の問題点を踏まえ、次の事項について、障害者の現在の生活実態やニーズなどに十分配慮した上で、権利条約の批准に向けた障害者の権利に関する議論や、「障害者自立支援法の施行前後における利用者の負担などに係る実態調査結果について」（平成21（2009）年11月26日公表）の結果も考慮し、しっかり検討を行い、対応していく。

① 利用者負担の在り方
② 支給決定の在り方
③ 報酬支払方式
④ 制度の谷間のない「障害」の範囲
⑤ 権利条約批准の実現のための国内法整備と同権利条約批准
⑥ 障害関係予算の国際水準に見合う額への増額

<u>四　利用者負担における当面の措置</u>

　国（厚生労働省）は、障害者自立支援法廃止までの間、応益負担（定率負担）制度の速やかな廃止のため、平成22（2010）年4月から、低所得（市町村民税非課税）の障害者及び障害児の保護者につき、障害者自立支援法及び児童福祉法による障害福祉サービス及び補装具に係る利用者負担を無料とする措置を講じる。

　なお、自立支援医療に係る利用者負担の措置については、当面の重要な課題とする。

<u>五　履行確保のための検証</u>

　以上の基本合意につき、今後の適正な履行状況などの確認のため、原告団・弁護団と国（厚生労働省）との定期協議を実施する。」

3　基本合意の評価

　今回の訴訟を論ずるに当たって、約50年前の昭和32（1957）年8月15日、国立岡山療養所に入所していた朝日茂が、厚生大臣を相手取って日本国憲法第25条に規定する「健康で文化的な最低限度の生活を営む権利」（生存権）と生活保護法の内容について争った行政訴訟、いわゆる「朝日訴訟」を思い起こさなければならない。

　「人間裁判」とも呼ばれた「朝日訴訟」は、原告の死亡により、最終的には敗訴という結果に終わってしまったが、その後の福祉政策に大きく貢献し、今なお、社会福祉の歴史上、燦然と輝くものとして高く評価されている。

　朝日訴訟は、障害者福祉政策が極めて未整備であったという時代的背景を

勘案すれば、そのまま、自立支援法を巡る訴訟と比較すべきものではないが、今回の訴訟にあっては、極めて早い段階で、基本合意に達したということが一つの特徴として指摘されよう。

いたずらに裁判が長引けば、原告の負担も大きなものとなる。これを勘案すれば、早期の和解の成立に至るまでの、原告・国双方の関係者の努力に敬意を表するものである。これも政権交代という大きな流れの中で、実現したものであることは否定できない。

しかし、早期の和解によって、原告側の提起する自立支援法の持つ本質的な問題についての掘り下げが十分であったかと問えば、必ずしもそうとは言えない。問題の焦点は、立法過程において十分なる実態調査の実施や障害当事者の意見を十分に踏まえることなく、拙速に制度を施行し、「応益負担」が導入されたことに当てられているが、それだけが問題であったとは言えない。

いくつかの本質的で、かつ、極めて重要な視点が抜けている。違憲が問われ、自立支援法そのもの廃止が決定されてしまえば、議論の根拠となるものがなくなり、これ以上の議論の深まりは期待できない。しかし、今後の施策の在り方を考える上では、本質的な議論が重要と考え、あえて、二つの問題点を指摘しておきたい。

(1) 自立概念の全面的否定

その第一は、障害者の自立概念を巡る問題である。すべて人は成長し、やがては自立を果たす。国家の基本原則である「自助・互助・公助」もこれを前提とする。障害者にとっても、これが基本ではあるが、重度の障害者にとって、自立は、達成困難な課題であった。

その様な中で、アメリカの障害者の自立生活（IL：Independent Living）運動の生みの親であり、中心人物であったエド・ロバーツ（注2）は、重度の障害のために、全面的に介助に依存をせざるを得ないとしても、自立はできるという新しい自立概念を打ち立てた。エド・ロバーツは、自身が極めて

重度の全身性障害を持っていたが、カリフォルニア州政府のリハビリテーション局長としても活躍し、重度の障害者であっても、自立できることを見事に証明した。

エド・ロバーツは、次の様に宣言している。

"たとえ身辺介助に人手を要するような重度の障害者といえども、自己の人生の主人公として生きる権利がある。"

"介助者の便宜のために収容され、他者の都合を中心として生きることを拒否して、生活の場や介助者の自由選択権を行使して、危険にさらされることも覚悟の上で、普通の社会の中に生きることである。"

"これこそが、ノーマライズされた障害者の当たり前の姿なのだ。"

本稿では、自立そのものを深く論ずるものではないが、従来、障害者の自立という場合、「自分のことは、できる限り自分ですべき」という考え方が強調されてきたことは否めない。それゆえに、障害者のリハビリテーションにおいては、ADL（日常生活動作）の自立、さらには、IADL（手段的日常生活動作）の自立が強く求められ、その延長線上の社会・職業リハビリテーションにおいても、社会的自立や職業的自立が強調され、自助努力が強く求められてきた。端的に言えば、「健常者に追いつけ」「追い越せ」ということであった。既に指摘したように、各種の障害者福祉・労働関係法制において、自立への努力を強調する規定が盛り込まれているのは、その様な考え方を基本とする。

しかし、障害者の自立をこのように単純に捉えるならば、家族を含め、他人の介助を常に必要とする重度の障害者にとっては、未来永劫、自立は考えられないこととなる。それ故に、障害当事者は、自立を巡ってうめき苦しんできたのである。その様な従来の自立概念に、エド・ロバーツは、真っ向から異を唱え、新たな自立概念を打ち立てた。この新しい自立概念は、従来の自立概念に閉じ込められ、自立を求めて呻吟していた重度の障害者に力強いメッセージを送るものであった。障害当事者は、大いに勇気づけられ、我が国でも、これを契機として、多くの障害者リーダーが誕生した。

ところで、エド・ロバーツの考え方は、必要不可欠なサービスは、当然に、国の責務として考えて成り立つものである（どの範囲・程度で国の責務とするかという問題はあるが）。即ち、重度の障害者が、自立の手段として用いるサービスについては、障害当事者が、スタート地点に立つための必要不可欠なサービスであって、当然に、保障されるものでなければならない。当時の障害者政策に係わる行政官も、これを正しく理解し、その考え方を尊重してきたものである。

　しかるに、今回の自立支援法は、これを無視し、障害当事者が生きていく過程において必要とされるすべてのサービスに関して、「利益を受けている」として、一律に自己負担（応益負担）を求めたものであり、しかも、障害が重いほど、負担が大きくなる仕組みを導入してしまった。それは、エド・ロバーツの打ち立てた新しい自立概念を真っ向から否定し、障害者の生活を破壊し、働く意味さえ無くしてしまうものであった。問題の本質は、そこにあったはずである。それこそが、違憲訴訟において、深く論ぜられるべき問題であったはずである。しかし、議論の深まりはみられなかった。

　そもそも、障害当事者の自立を支援する上において提供されるサービスの性格・特徴に着目するならば、そこには、二つの種類のものがあることに気づく。第一は、生活維持や権利保障に直接かかわるサービスであって、例えば、全身性障害者のための食事・入浴・排泄などのサービスや選挙権を行使する上に必要とされる移動支援のサービスを利用する場合などがこれに該当する。

　選挙を例にあげたので、何も、そのために移動支援のサービスを利用しなくても、不在者投票の制度があるではないかという反論もあろう。しかし、障害者はすべて、不在者投票をせよと強制することはできない。選挙会場に出かけて、そこで投票したい人もいることを無視することは許されない。権利行使の上での選択肢の一つである以上、それを認めるのは当然である。例示したようなサービスは必要不可欠なものであって、障害者は、これによって、自立の大前提となる生活を維持し、その持てる権利をはじめて行使でき

るので、「益する」と捉えるべきではなく、必要にして十分なサービスは、公的に保障されなければない。

　その様なサービスに対し、第二は、例えば、職業的自立を目指して訓練を受けるなどのサービス、自立支援法に即して言えば、一定の期間を定めて、就労（労働）に必要な知識及び能力の向上のための訓練を受ける「就労移行支援事業」などがこれに該当する。この様なサービスは、それを受けることによって、労働市場において健常者と互角に戦える能力を身につけることができ、就職の可能性が高まるものであり、一般企業（公的機関）での雇用という成果を得ることができる故に、まさに「益する」ものであり、応益負担に馴染むと考えられる（どの範囲・程度の自己負担を求めるかの問題はあるが）。

　障害当事者に、必要にして、十分なサービスを保障することは、スタート地点に立つと同様の意味を持つものであるが、どの範囲のものを公的な責任（あるいは自己負担）とすべきか、負担の範囲とその程度を決めるに当たっては、障害者が必要とするサービスが、国連のICF（国際生活機能分類）（平成13（2001）年5月採択）の「活動制限」や「参加制約」の軽減・緩和にどの程度寄与するかといった視点から考えることも、一つの方法であろう。

　大切なことは、上記の視点からサービスを再整理して、一律に、利用者負担を求めるのではなく、障害当事者が利用するサービスの性格・特徴に応じて、それに相応しい負担の在り方・負担の割合・財源措置などを決定していくことである。その場合、障害の重い人ほど、負担額が増えるという仕組みも、見直さなければならない。仮にも、予算的な制約があるとするならば、税負担によるものと、利用者負担を求めるべきものの割合を、後述の自立支援プログラムの成果をみながら、段階的に調整していくなどの方策も考えられる。総合的な自立支援プログラムが効果的なものであれば、漸次、応益負担への依存度を高めることができるし、そうなれば、税負担の程度は低くなり、本来の目的である障害当事者の自立に大きく寄与することにもなる。

和解を急いだ結果、自立支援法は、これまでに積み上げられてきた障害者対策の"哲学"を根本から壊してしまう本質的な問題を持っていたにもかかわらず、その様な議論は殆どなされていない。

　それに加えて、誰もが納得できる負担の体系を創設すべく、この様な視点からの検討も必要と思われたが、残念ながら、これについての議論も深められることはなかった。

　障害者対策の構築にあって、最も重要なのは、施策の基本となる"哲学"であり、まずは、これを明確にすることが求められる。"哲学"がきちんとしてなければ、その上に積み上げられるサービス体系は、砂上の楼閣であり、もろくも崩れてしまうことを忘れてはならない。

　自立支援法の廃止に至る過程は、このことを如実に示すものと言える。

(2)　脆弱な自立支援プログラム

　第二は、憲法第27条において、「すべて国民は、勤労の権利を有し、義務を負う。」と規定されていることとの関わり、つまり、働くことを巡っての問題である。国家の基本原則は、「自助・互助・公助」にあることから、国の財政負担が限りある中では、稼得能力を有する者については、一定の自己負担を求めることは避けられない。負担の公平性を確保するという視点に立てば、障害当事者も、自己負担は当然という考え方も否定できない。勿論、この場合には、障害者自身がその負担に耐えられる程度の所得（賃金の他、障害基礎年金を含む総合所得）があることが前提となる。

　自立支援法の大きな柱の一つは、障害当事者が、「もっと働ける」ようにすることであった。その目指すところは、生計を営むに足りる賃金が得られる様な働ける場所を用意することにあったはずである。

　まず、目指すべきは、自己負担が可能となる生計を営むに足りる賃金を得られる場を広げることにある。しかし、自立支援法では、「もっと働ける」という目標を掲げながら、働く＝福祉的就労に限定し、授産施設などの機能を整理して、「就労移行支援事業」及び「就労継続支援事業」としたものの、

従来の福祉的就労の仕組をそのまま踏襲してしまった。

　就労移行支援事業については、一般の職業リハビリテーション施策との間に極めて大きな格差（労働対策の一環としての職業リハビリテーションのサービスは、無料、一方の移行支援事業は、自己負担を求める）がみられる。また、就労継続支援事業（A型）は、労働関係法規の適用があるものの、一方の就労継続支援事業（B型）において働く障害者は、個々の実情を個別的に判断することなく、一律に、労働関係法制から外され、工賃は、月額平均1万2千円程度という、生計を営むには余りにもかけ離れた実情にある。工賃問題の改善のために、工賃倍増計画などの施策が導入されているが、そもそも、この様な極めて低い工賃を倍増する、しかも、5年間をかけて行うという政策目標は、政策としては成り立つものではない。少なくとの最低賃金並を目指してこそ、はじめて政策としての意味がある。

　さらに、就労継続支援事業（A型）を除いては、各種の保険制度（いわゆるセイフティ・ネット）からも排除されていることも、問題として指摘されなければならない。福祉行政に携わる行政官、関係の専門職は、就労＝「働いている」と捉えているようであるが、平均工賃の実態からすれば、「失業状態」といっても過言ではない。少なくとも、社会通念上、「働いている」というものではない。

　憲法の規定する生存権や労働の権利保障の視点からすれば、これを放置しておくべきものではない。既に長きにわたり温存されてきた問題が、権利条約への対応を求められ中で、何故に、温存されなければならないのか、大いなる疑問である。

　働くことには、喜びとやり甲斐があるべきであろうし、継続的に働くことによって、給与の改善も行われ、将来の生活の基盤も作り上げられる。「もっと働ける」ようにとの目標を達成するためには、福祉の枠組みに止まることなく、一般雇用施策をはじめとする総合的でより強力な自立支援プログラムとの一体性を確保することが必要不可欠となる。この場合、自立支援プログラムは、当然のことながら、実効性のあるもので、教育、まちづくり、地

域生活、権利擁護など、より統合的なものでなければならない。したがって、自立支援法の枠内に止まらず、国連のICF（国際生活機能分類）の考え方に準拠すれば、「活動制限」や「参加制約」を産み出す環境因子にかかわる調整措置までを含めることが必要とされる。そのためには、関係法律・制度を総動員することが求められる。

　自立支援法の目指す「もっと働ける」とは、極めて低い工賃で、ただただ、働けば良い（実質的には、失業状態）というものではない。「応益負担」に耐えられる立場＝生計を営むに足りる賃金を得ること（これが十分に達成できない場合には、障害者基礎年金を含めて考えることも必要となる）＝を目指すべきものであったはずである。

　自立支援法は、働く＝福祉的就労とあえて限定し、福祉の枠組みの中で、就労施策の体系を再構築したに過ぎず、労働の権利保障の視点からすれば、政策的な欠陥と言っても過言ではない。障害者が「もっと働ける」社会を、目指すならば、二元的に展開されてきた福祉施策と労働施策を統合するためのプログラムが必要不可欠であったが、厚生省と労働省が統合されたにもかかわらず、依然として、同じ省庁の中に、縦割りの仕組みが温存され、努力の成果は、全くみられない。

　しかも、基本合意の「新法制定に当たっての論点」においては、自立支援法が、障害者が「もっと働ける」社会を目指すものであったにもかかわらず、問題の解決の方向について言及さえされていない。

　今回の訴訟では、福祉的就労の持つ根本的な問題への切り込みも行われず、労働の権利保障の視点からの議論が深められることもなかったのは、極めて、残念なことであった。

　あえて、問題指摘するのはこの故である。その基本合意を受けて、障がい者制度改革推進本部において検討が深められるとされたが、障害者の働くことを巡る問題は、極めて輻輳したものであることを深く認識し、問題を部分的・表面的に捉えるのではなく、常に、地域生活者としての視点を大切にしながら、すべての障害者が、労働の諸権利を享受できるようにすること、そ

第3章　障害者制度の改革を巡る動向

のことに関して、障害を持たない人との間に、格差が生じないようにすることを基本とした抜本的な政策の検討が望まれる。

　基本合意は、そのスタートに過ぎない。

第2節　障がい者政策プロジェクトチームの提言

　平成21（2009）年8月に政権が交代し、民主党が与党となった。その民主党は、政権交代に先立つ同年4月、障がい者政策プロジェクトチームからの提言＝「障がい者制度改革について」を公表している。ここでは、同プロジェクトチームの提言を基礎として、障害者が働くこと関しての内容について検証することとしたい。

　障がい者制度改革は、(1) はじめに、(2) 第1基本理念、(3) 第2障害者制度改革推進法案の基本的考え方、(4) 第4障がい者の総合福祉施策の改革推進の方向性（障がい者総合福祉法（仮称））の在り方から構成されている。

　まず、(1) はじめにおいては、「障害者自立支援法が、急激な制度改正であったため、混乱を招く結果となった」ことを指摘し、問題の中心であった応益負担については、激減緩和措置が講じられたとしても十分なものではないことから、「小手先の改革ではなく、抜本的かつ総合的な改革を行う必要がある」と指摘している。そして、「障害者の権利条約が採択され、我が国も署名した」ことから、「権利条約の批准の前提として、障がい者施策に係る広範な国内法の制度改革及び整備をする」としている。批准にあたっては、国内法の整備が求めらるので、基本的な認識としては適切なものである。

　次に、(2) 第1基本的理念においては、「障がい者等が当たり前に地域で暮らし、地域の一員としてともに生活できる社会を目指している」とし、「障がい者等の生活と自立、社会参加は権利として位置づけ、個々の人権の保障及び促進のための具体的な対策を構築しなければならないと」とし、このためには、「自己決定・自己選択の原則が保障される制度設計を考えるべきである」としている（「障がい者等」とあるが、この「等」には、どのよ

— 99 —

うなものが含まれるのか全く不明)。

そして、障害者基本法の理念を基本としつつ、「障害者の権利擁護と合理的配慮という概念を導入した障害者の権利条約が採択されたことに鑑み」、我が国においても、新たな制度を構築しなければならないとする。

上記のように、これまでのような福祉の恩恵的な考え方と異なり、障害者の権利条約の批准を基本方針として、障害者当事者の権利保障の視点を明確にし、当事者の自己決定を尊重し、障害者対策は新たな展開をすべきと提言していることは、評価できる。

なお、障がい者政策プロジェクトチームの報告において、「障がい者」の表現があちこちにみられるので、これについて言及しておきたい。この表現は、「害」という言葉のマイナスのイメージを避けるためと思われる。「がい」＝「碍」であり、元々は、「礙」である。この字の意味するところは、「大きな岩を前に人が思案し悩んでいる様子」を示したものとされる。意味としては、「妨げ」なのだから、「がい」と表記しようと、実質的に何も変わるものではない。

大切なことは、その様な表現の言い換えではなく、国連・障害者の権利条約、職業リハビリテーション及び雇用（障害者）に関する条約（ILO 第159号条約）などの国際的なスタンダードに照らして、障害者の定義を見直すとともに、WHO の ICF（国際生活機能分類）の知見を基礎として、支援の必要の程度の視点から、障害を捉えることでなければならない。

このためには、障害者の範囲・定義に関して議論が深められることが必要不可欠であるが、障がい者総合福祉法（仮称）の在り方における障害者の範囲・定義に関しての記述をみるならば、(1) 制度の谷間にある障がい者を救済するとの視点と、(2) 社会参加カードについて記述されているのみである。政策の立案に当たっては、その対象をどの様に定義し、認定するのかが基本となるが、プロジェクトチームの記述からは、その様な意図を読み取ることはできない。

第3章　障害者制度の改革を巡る動向

1　「障がい者制度改革推進法案」の基本的考え方

　それでは、具体策についてはどうであろうか。ここでは、本稿のテーマである障害者が働くことに絞って、その内容を検証することとしたい。
　まず、第1に、第2「障がい者制度改革推進法案」の基本的考え方のその九「雇用・働く場所を創ります」においては、「(1) 障害者雇用促進法について、法定雇用率の対象となる障がい者の範囲を拡大し、現行の法定雇用率（一般の民間企業：1.8％、独立行政法人など：2.1％　国・地方公共団体：2.1％、都道府県などの教育委員会：2.0％）のさらなる引上げを行う。」とし、法定雇用率の引上げを求めている。障がい者の範囲を拡大するならば、方向としては当然であろう。
　現行の雇用率制度においては、身体障害者、知的障害者を法定雇用率の対象とするが、精神障害者については対象とされないなど、障害種別の格差を温存している。各国の障害者施策においては、この様な種別の格差を認める施策はみられない。法定雇用率の引上げは、その対象をどの様に考えるかということとセットである。引き引上げを提言するならば、この様な視点からの問題提起があっても良いが、それには触れられていない。
　第2に、「(2) 障がい者の雇用の促進のみならず、就労におけるコミュニケーション支援の整備、障がい者が雇用されるのに伴い必要となる施設又は設備の充実など、障がい者の雇用の継続を図るために必要な施策を講じる。また、障がい者による起業を支援することなど、自営業や協同して事業を営むなどによる雇用以外の就業形態による就業についてもその促進を図る。」としている。ここにおいて注目すべきは、一般雇用の促進策として、雇用に必要となる施設又は設備の充実、雇用継続に必要な施策などが掲げられていることである。これは、権利条約に規定される「合理的配慮」を念頭に、その必要性を認識したものとして評価できる。
　しかし、障害者の範囲の拡大、法定雇用率のアップなどに対応したリハビリテーションのサービスなどの在り方、企業における合理的配慮の実施をより確実にする方策などには言及されておらず、障害者の雇用促進施策を抜本

的に改善するための施策の総合的な体系を示したものとは言えない。法定雇用率の達成は、障害者雇用の量を問うに過ぎず、質の問題を問うものではない。障害者の雇用割合の比較的高い事業所において、差別事象、人権問題が頻繁に起こっているなど現実を考えれば、これについて言及されていないことは、今後の法整備の在り方としては、問題として指摘できよう。

第3に、「(3) 公契約に際し、総合評価入札制度における障がい者の法定雇用率を評価項目として義務付ける公契約規定を検討することなど障がい者などの一般雇用がさらに促進するよう施策の推進を行う。また、国及び地方公共団体などが優先的に障がい者就労事業所から物品などを調達するなどにより、障がい者就労事業所の受注の増大を図る。」と記述されている。

公的機関の優先的発注は、障害者就労事業所の安定的な運営を担保するための方策の一つであり、政策手段としては評価できる。しかし、障害者就労事業所が受注できる品目は限られ、一方、発注者は、製品の質と納期を守ることを当然の要件とすることから、実質的にどの程度の効果を上げるかについては疑問が残る。

さらに、第2のその2において、「差別を禁止する法制度を構築します」、その16において、「障がい者権利条約を全面的に履行します」と規定されている。これから推量されることは、総合的な障害者差別禁止法の制定を想定しているものと思われる。しかし、これは、いわば基本法であって、それだけでは、法の実効性は確保できるものではない。

労働の権利保障に視点に立てば、障害者雇用促進法についても、雇用差別禁止に係わる規定の整備、さらには、仮に差別があった場合には、これからの救済を確実にするための措置も必要となる。しかし、これらについてはなんら言及されていない。

2 障がい者総合福祉法（仮称）の在り方

さらに、第3障がい者総合福祉施策の改革推進の方向性（障がい者総合福祉法（仮称）の在り方）においては、次のよう記述されている。

第3章　障害者制度の改革を巡る動向

「1　障がい者の範囲・定義の見直し
2　利用者負担の在り方（応益負担から応能負担へ）
3　サービス利用の支給決定の在り方（障害程度区分認定の廃止）
4　サービス体系の在り方
5　事業者の経営基盤の強化（日額方式の廃止）
6　地域生活支援事業の在り方
　（地域自立支援協議会を中核とした体制の強化）
7　相談支援の在り方
8　就労支援の在り方」

利用者負担の見直し、障害者程度区分の廃止など、いくつかは評価できる部分もあるが、ここでも、本稿のテーマである、障害者が働くことに絞って、その内容を検証したい。

就労支援の在り方に関しては、(1)「障がい者の自立生活を支援するために、「一般就労」を促進するとともに、地域自立支援協議会の体制を強化し、地域ネットワークの基盤整備と就労の定着を図る」。(2)「一般就労以外就労的事業（授産施設、福祉工場、更生施設、小規模作業所など）を整理し、現行の「自立訓練」「就労移行支援」「就労継続支援」のうち就労にかかわるものについては、統合、簡素化するとともに、就労支援体制を強化する方向で検討を加える。」と記述されている。

「一般就労」は、一般雇用の意味と思われるが、これを促進することは当然であり、その定着のためには、地域ネットワークの整備も重要であるので、この記述は評価できる。

しかし、その一方で、「一般就労以外の就労的事業」という表現が用いられていることに注意しなければならない。これは、従来の概念で言えば、「福祉的就労」を意味すると考えられるが、これについて、「自立訓練、就労移行支援、就労継続支援のうち、就労支援にかかわる事業については、これを統合・簡素化する」とあるものの、それ以上の記述はなく、どのように整理するかは不明である。

あえて、「一般就労」と「一般就労以外の就労」と明確に区分していることからすれば、一般就労以外の就労（福祉的就労と思われる）には、当然に、労働関係法規の全面的な適用は想定していないと考えられる。とすれば、従来からの二元的な仕組みをそのままに温存すると推定され、問題解決の道筋は、極めて不透明となる。

　その様な中にあって、平成21（2009）年12月8日、閣議決定により「障がい者制度改革推進本部」が設置され、さらに、同21日には、障がい者制度改革推進会議室が設置され、障害者の権利条約の締結に必要な国内法の整備を始めとする、我が国の障害者制度の改革に向けての集中的な議論がスタートした。障害者が働くことに関して、上記に指摘したような諸問題の抜本的な解決策が期待される。

3　障がい者制度改革推進会議中間まとめ（第一次意見）

　一般雇用にあっては、労働者として扱われながらも労働の権利保障は十分ではない。障害者労働市場の中心は、中小零細企業であることを考えれば、一般論としては、問題が大きいことが想定される。しかし、大企業であれば、それで良いというものでもない。単に法定雇用率達成の対象となっているなどの懸念も否定し得ない。一方の福祉的就労にあっては、働いているにもかかわらず、労働者としては扱われず、労働関係法制に守られることもない。新たな施策によって用意されるべき障害者の働く場は、労働の権利が保障され、障害当事者に開かれ、受け入れるものであって、かつ、自由に選択でき、少なくとも、その労働を通じて、生計を営むことができるものでなければならない。障害者制度改革推進会議における討議は、この様な課題を意識しつつ、改善の方向を明らかにするものと期待される。

　ここでは、平成22（2010）年6月に発表された「障害者制度改革の推進のための基本的な方向」（第一次意見）において、本稿のテーマである障害者が働くことを支える施策の在り方を考える上において、注目すべき事項について言及する。

第3章　障害者制度の改革を巡る動向

(1)　障害者制度改革の基本的考え方
1)　障害者は、権利の主体

　第一次意見の「第2　障害者制度改革の基本的な考え方」においては、すべての障害者を、福祉・医療などを中心とした「施策の客体」に止めることなく、「権利の主体」と位置づけ、「必要な支援を受けながら、自らの決定・選択に基づいて、社会のあらゆる分野の活動に参加・参画する主体として捉える」ことを明確にしている。

　ここで、重要なことは、「必要な支援を受けながら」という記述である。これは、エド・ロバーツの確立した新しい自立概念を基本とし、障害者の権利条約の趣旨を踏まえたものと想定されるが、このように捉えることによって、障害者は、はじめて権利回復のスタートに立つことができる。

2)　社会モデルの視点からの位置づけ

　障害者の捉え方は、従来、医学モデルを基本とするものであたが、今回、「社会モデル」の視点から、これを捉えるべきことが明確に示された（注3）。

　障害の「社会モデル」とは、損傷と障害とを明確に区別し、障害を個人の外部に存在する種々の社会的な障壁（社会的な障壁には、道路・建物などの物理的なものだけではなく、情報や文化、法律や制度、さらには市民の意識上の障壁なども含まれる）によって構築されたものとして捉える。それは、障害を損傷と同一視する「医学モデル」を転換させ、社会的な障壁の除去・改変によって障害の解消を目指すことが可能だと認識するものであり、障壁の解消に向けての取り組みの責任を障害当事者個人にではなく社会の側に見出すことに繋がる。これによって、「公共的施設、輸送機関、情報通信などの社会環境の改善」が期待される。

　障害者への各種支援制度の在り方の見直しに通じるもので、「社会モデル」を基本とする考え方は、極めて、重要な概念の転換ということができる。それは、リハビリテーション過程におけるマイナス評価の視点からの脱却を強

く求めるものでもある。

　なお、ここで示した両モデルは、あくまでも「障害」に対する基本的な考え方の枠組みと方向性を表すものであり、医療や福祉、リハビリテーションなどでの実際の個別の取り組みにおいては、両モデルは混在していることを理解しておかなければならない。

3）　地域生活支援

　人は、成長とともに、家族から自立し、自分の希望する仕事や地域を選択し、新たな生活を営む。この当たり前の選択は、当然に、障害者にあっても保障されなければならない。

　第一次意見においては、「すべての障害者が家族への依存を脱却し、自ら選択した地域において自立した生活を営む権利を有する」ことが確認され、24時間介助などを含む必要な支援制度の構築を目指す」とされたことは評価できる。

　自立した生活を営むためには、障害者が、地域で働く機会を得られることが前提となる。そのためには、職場での支援（主としては、企業の責務として実施される）は重要であるが、同時に、これと一体的に推進される地域生活支援（企業の責務として実施することは難しい側面もあることは否定できないが）の充実が重要であり、知的障害者及び精神障害者などにあっては、雇用の成立・維持・向上のすべての過程において、継続的な支援が必要とされることから、両支援が一体的に推進されることが望ましい。

(2)　障害者雇用制度改革の基本的方向と今後の進め方

　第一次意見は、上記の考え方を基本として、「障害者雇用制度改革の基本的方向と今後の進め方」を明らかにしている。ここでは、本稿のテーマである「労働及び雇用」（推進会議の問題意識）についてみることとしたい。まず、基本として、「障害者が地域において自立した生活を営み、より一層社会参加ができるようにするためには、障害のない人と等しく障害者が職業な

第3章　障害者制度の改革を巡る動向

どを選択でき、多様な働く機会（自営などを含む）が確保されるとともに、人としての尊厳にふさわしい労働条件や利用可能な環境が整備されることが不可欠である。」としている。

これは、国連・障害者の権利条約をはじめとする国際的なスタンダード及びILOの提唱する『ディーセント・ワーク』（詳細は、後述）の考え方に繋がる。

なお、多様な働く機会として、自営業などを含むと記述されているが、これは、IT技術の進展などによって、重度の障害者については、これを活用した起業（自営）が、大きな役割を果たすとの認識を反映したものであろう。従来の職業リハビリテーションのサービスにおいては、主として一般雇用が重点とされてきたが、この記述は、起業支援プログラムの重要性を念頭においたものとして評価ができる。

1）　一般雇用の促進

ここにおいては、現行の雇用率制度においては、「法定雇用率を達成していない企業が全体の半数に満たない」などの状況にあることを指摘し、また、「また、障害の種別・程度によって職域や雇用義務の有無、さらには雇用の機会などに格差があるなど、障害者の雇用の促進を図るために大幅な改善が求められている。」としている。

このための改善策として、(1) 現行制度における「障害者」の範囲については、就労の困難さに視点を置く「社会モデル」の視点に立ち、認定の仕組みを含め見直す方向で検討すること、(2) 障害者雇用率制度（法定雇用率の水準、ダブルカウント制、特例子会社制度など）、障害者雇用納付金制度（納付金の額、助成金の対象と期間など）については、「雇用の促進と平等な取扱い」という視点からその在り方を検証した上で、積極的差別是正措置としてより実効性のある具体的方策を検討すること、(3) 精神障害者は雇用義務の対象となっていないなどの障害種別による雇用義務の格差を是正し、すべての障害者がその種別にかかわらず同程度に雇用機会や労働条件が確保さ

れるよう、必要な措置を講ずることを求めている。これらは、いずれも施策の方向としては妥当なものと言える。

しかし、雇用率制度・納付金制度については、権利条約及びILO条約が最も重要なものとして求めている「雇用の促進と平等な取扱い」という視点からみて、その在り方を検討したとしても、制度の基本的な性格からして、適切な方法として存続させるについては、疑問が残る。

なお、「障害者」の範囲については、就労の困難さに視点を置くと記述されているが、就労（労働）の困難の程度に着目した場合、マイナス評価に陥りやすいことを勘案すれば、就労（労働）支援の必要性の程度（雇用の成立・維持・向上の過程において必要とされる総合的・継続的な支援の必要性の程度）と読み替えても良いと思われる（詳細は、後述）。

2) 福祉的就労従事障害者に対する支援

福祉的就労については、「福祉的就労に就いている障害者の月額工賃は平均して約1万2千円程度であり、地域で自立した生活を送るには困難な低水準にあるほか、労働法規で定められているような措置の対象とならない場合があるなどの問題がある。」と指摘しているが、この見解は妥当なものと言える。

この様な問題を改善するため、(1) 福祉的就労の在り方については、労働法規の適用を含め、雇用施策に位置づけることについて検討すること、(2) 最低賃金減額特例措置については、賃金補填などの所得保障に係る制度の整合性を図った上で、重度障害者の雇用の確保に留意しつつ、その適用の在り方を検討すること、(3) 就労継続支援や就労移行支援の対象となる障害者の範囲や利用者負担などの問題については、総合福祉部会などにおいて検討することを求めている。

従来、「精神又は身体の障害により著しく労働能力が低い者」については最低賃金法による最低賃金の適用除外とされてきたが、この措置は、労働者保護の視点から問題指摘されてきた。このため、平成20（2008）年、最低

第3章　障害者制度の改革を巡る動向

賃金法が改正され、障害により著しく労働能力の低い者に関する適用除外許可規定が廃止され、最低賃金の減額特例許可規定が新設された（最低賃金法第7条）。これは、減額（減額の率は、厚生労働省令で定める率以下の率であつて、当該者の職務の内容、職務の成果、労働能力、経験などを勘案して定めるとされている）が可能であれば、むしろ、最低賃金を適用する方が、労働者保護に繋がるとの考え方による。この措置によって、福祉就労に働く障害者については、労働関係法制の適用のハードルは低くなると考えられる。

ここで、最も重要なことは、「（福祉的就労の在り方については）労働法規の適用を含め、雇用施策に位置づけることについて検討する」との方向が明記されたことである。これが、具体化されるならば、福祉的就労において長年にわたり放置されてきた労働の無権利状態の抜本的改善が期待される。

しかし、労働関係法制の適用は、その一方で障害者が不利益を被ることも予測しなければならない（例えば、解雇、上記の減額措置の乱用など）。したがって、その様な問題を生じないよう、何らかの規制措置とセットで考えておくことが重要となる。

また、就労継続支援や就労移行支援の対象となる障害者の範囲について言及されたことも重要なことである。これまでは、対象となる障害者について、明確な基準が定められていないことから、一つの制度に、多様な障害者が混在することとなり、サービスの提供の上での隘路となってきたことも否定できない。上記の就労（労働）の困難度（支援の必要の程度）を判定するシステムが構築され、これらの事業利用者の範囲を絞ることができるならば、労働関係法制を適用するか否かの判断も容易となる。それによって、より効率的なサービスが可能となり、限られた財源の有効活用が期待される。

次に、福祉的就労の問題の改善策として、「社会的事業所」（詳細は、後述）に言及されている。具体的には、(1) 障害者も障害のない人も対などな立場で一緒に働くことができる形態の職場を設置している者に対し、その運営に要する経費の一部補填する「社会的事業所」については、地方公共団体

における先進的な取り組みを参考にしつつ、一層の普及のための措置を講ずること、(2) 併せて、多様な協同労働などの仕組みの構築に必要な措置を講ずることを求めている。

　ここで、社会的事業所の設置促進に言及されたことが注目される。これは、滋賀県における先行的な取り組みを念頭に置いたものであるが、同時に、EU諸国における、ビジネスモデルとして、労働市場において不利益を被っている人々に、雇用の場を提供しようとする「ソーシャル・フアーム」の取り組み（詳細は、後述）をも参考としながらの提言と思われる。

　ところで、社会的事業所の最大の特色は、働くすべての障害者との間に雇用関係を結ぶことにある。既に、障害者が、就労（働く）ことを福祉の仕組みで対応することから不可避的に生ずる問題を指摘してきたが、これによって抜本的な改善（福祉と労働施策の融合）が図られることとなる。したがって、この政策転換は、大いに評価すべき点である。

　しかし、「障害者も障害のない人も対等の立場で一緒に働くことができる」職場（ノーマルな職場）を目指すならば、「特別の職場」は必要とされない。求められるのは、運営に要する経費の一部を補填する措置に過ぎない。そして、大切なことは、この措置は、手段として講じられるものであって、それを理由として、社会的事業所を「特別の職場」とみなしてはならない。

　さらに、福祉的就労の問題の改善策として、障害者就労支援施設の経営安定に資するため、国などが物品を優先的に調達することも含めた措置を講ずること（ハート購入法（仮称））にも言及されている（注4）。障害者就労支援施設が、国などの調達要請に十分に耐えられるかといった問題点（製品の質、納期など）はあるものの、これも評価すべき点である。

　第一次意見は、さらに検討すべき事項を多く残してはいるものの、その目指すところは、これまでの施策の再構築であり、福祉対策から労働対策へと転換することによって、長きにわたって失われてきた労働の権利を回復する方向が明確にされたことは評価できる。

　それは、ILOの提唱する『ディーセント・ワーク』の実現への道筋を示

すものと言えよう（後述）。

3) 合理的配慮や必要な支援策の整備

次に、第一次意見は、「障害者が自らの能力を最大限に発揮し、障害のない人と同様に安全かつ健康的な労働環境を確保するためには、障害を理由とする差別が禁止され、職場において必要な合理的配慮や支援がなされる必要がある。」と指摘している。

このために、(1) 現在検討中である障害者雇用促進法の見直しの議論の中で、雇用を理由とする差別の禁止、事業主への合理的配慮の義務付け及びその取り組みを容易にする助成や技術的支援、合理的配慮に関する労使間の紛争解決手続きの整備など、職場における合理的配慮を確保するための具体的方策について、推進会議などの議論も踏まえ引き続き検討を行うことを求めている。また、(2) 職場における支援（通勤支援、身体介助、職場介助、手話通訳、要約筆記などによるコミュニケーション支援、ジョブ・コーチの配置など）の在り方について、既存の助成制度を含め、障害者雇用促進法の見直しの議論及び総合部会などの検討結果を踏まえて、法制化を含めた必要な措置を講ずることを求めている。これらの記述は、概ね妥当なものと言えるので、具体策が明らかになるのが待たれる。

なお、紛争解決手続の整備に関し、「合理的配慮に関する」と限定しているが、合理的配慮は、差別の禁止規定と一体的なものであるので、障害者の雇用・維持・向上の過程における労使間のあらゆる紛争に係るものと理解しなければならない。

障害者に対する差別を包括的に禁止し、被害を受けた場合の救済を目的とした制度の構築を目指した「障害を理由とする差別の禁止法」（仮称）の制定が差別禁止部会で検討されているが、これは、いわば、障害者差別に関する包括的な基本法であり、雇用差別に関しては、差別を具体的に規定する個別法の制定が求められる。とすれば、障害者雇用促進法の見直しにおいて、この種の規定を盛り込むことが当然に求められるものであり、同法の見直し

議論の中で、これが明記されたことは、高く評価できる。また、障害者の雇用の促進・維持・向上の過程において、「合理的配慮」の実施は、必要不可欠のものであり、事業主への合理的配慮の義務付をはじめ、そのための助成（技術的支援も含む）にも言及されていることは、同様に、妥当なものとして評価できる。

　一方、職場における支援の在り方については、「既存の助成制度も含め、障害者雇用促進法の見直しの議論及び平成23（2011）年末を目途に得られる総合福祉部会などの検討結果を踏まえ、法制化を含めた必要な措置を講ずる。」としている。

　これは、継続的な支援の必要な障害者がいることに配慮し、かつ、すべての労働環境は、「障害者に対して開放され、障害者を受け入れ、及び障害者にとって利用可能な」ことを求める権利条約第27条の趣旨を踏まえたもので、極めて妥当なものと評価できる。

　なお、「既存の助成制度を含め」とは、納付金制度に基づく助成措置と思われるが、この財源は、安定的なものではなく、すべての労働環境が、上記の要件を満たすにはほど遠いことを指摘しておきたい。

　以上のように、第一次意見は、権利条約、ILO条約・勧告などの国際的なスタンダードに即応しようとするもので、評価はできるものの、今後の検討（障害者雇用促進法の見直しの議論や総合福祉部会での検討など）に待つ部分も多く、また、検討のまな板に上げられていない問題（リハビリテーションのサービスを中心としながらも、地域の社会資源と一体となった総合的なリハビリテーションのサービスを提供する地域レベルの体制整備、これを支える専門職の養成体制の確立・資格認定、障害者相互による支援（ピア・サポート）の仕組みの整備、企業内訓練（OJT）の機会提供の促進策、賃金補填の方策、社会的事業所への経営指導を含む継続的支援策の在り方、総合的な起業支援策の方策など）も残されており、障害者総合福祉法（仮称）の実践に至るまで、検討の動向を見守ることが必要とされる。

第3章　障害者制度の改革を巡る動向

第3節　障がい者制度改革推進会議総合福祉部会からの提言

　平成23（2011）年8月、「障がい者制度改革推進会議総合福祉部会」は、前述の「障害者の権利条約」及び「基本合意文書」を基礎として、障害者総合福祉法（仮称）（以下、「新法」という）の骨格を公表した。

　なお、「総合福祉部会」は、障害者施策の推進に関する意見を取り纏める「障がい者制度改革推進会議」の下に、平成22（2010）年4月、設置されたもので、障害者、障害者の家族、事業者、自治体首長、学識経験者など55名の参画を得て構成される。第一次意見を最大限に尊重しつつ、(1) 応益負担を原則とする自立支援法を廃止し、(2) 制度の谷間のない支援の提供、(3) 個々のニーズに基づいた地域生活支援体系の整備などを内容とする新法の在り方を検討するもので、権利条約の基本的な精神である「Nothing about us without us!」（私たち抜きに私たちのことを決めるな！」）を踏まえた政策立案作業のスタートと捉えることができる。

1　「総合福祉部会」の提言する新法の骨格

　ここでは、総合福祉部会の提言する新法の骨格のうち、理念、対象となる障害者の定義など基本的な事項を踏まえて、障害者が働くことに関する部分について、その内容を明らかにする。

(1)　法の前文

　障害者福祉政策に関しては、歴史を積み重ねてきたが、その基礎にあるのは、「障害者を保護の対象」と捉えるもので、権利保障の視点は十分ではなかった。したがって、新法は、従来の考え方を根本に変革するものでなければならない。

　この趣旨を踏まえて、新法においては、「今回の改革の経緯と理念が伝わり、障害者総合福祉法の意義が共有され、さらに、個別規定の解釈指針とするためにも、前文でこの法の精神を高らかに謳うことが不可欠である。」と

し、前文を置くことを求めている。その内容は、次の様になっている。

「わが国及び世界の障害者福祉施策は『完全参加と平等』を目的とした昭和56（1981）年の国際障害者年とその後の国連障害者の十年により一定の進展を遂げたが、依然として多くの障害者は他の者と平等な立場にあるとは言いがたい。

このような現状を前提に、平成18（2006）年国連総会にて障害者の権利条約が採択され、わが国も平成19（2007）年に署名した。現在、批准のために同条約の趣旨を反映した法制度の整備が求められている。

障害者の権利条約が謳うインクルージョンは、障害者が社会の中で当然に存在し、障害の有無にかかわらず誰もが排除、分離、隔離されずに共に生きていく社会こそが自然な姿であり、誰にとっても生きやすい社会であるとの考え方を基本としている。

そして、それは、障害による不利益の責任が個人や家族に帰せられることなく、障害に基づく様々な不利益が障害者に偏在している不平等を解消し、平等な社会を実現することを求めるものである。

とりわけ人生の長期にわたって施設、精神科病院などに入所、入院している障害者が多数存在している現状を直視し、地域社会において、自己決定が尊重された普通の暮らしが営めるよう支援し、地域生活への移行を推進するための総合的な取り組みを推進することが強く求められる。

そのうえで、障害者の自立が、経済面に限らず、誰もが主体性をもって生き生きと生活し社会に参加することを意味するものであり、また、この国のあるべき共生社会の姿として、障害者が必要な支援を活用しながら地域で自立した生活を営み、生涯を通じて固有の尊厳が尊重されるよう、その社会生活を支援することが求められていることを国の法制度において確認されるべきである。

この法律は、これらの基本的な考え方に基づき、障害の種別、軽重に係らず、尊厳のある生存、移動の自由、コミュニケーション、就労などの支援を保障し、障害者が、障害のない人と平等に社会生活上の権利が行使できる

ために、また、あらゆる障害者が制度の谷間にこぼれ落ちることがないように、必要な支援を法的権利として総合的に保障し、さらに、差異と多様性が尊重され、誰もが排除されず、それぞれをありのままに人として認め合う共生社会の実現をめざして制定されるものである。」

どの様な政策であれ、理念・哲学がしっかりしていなければ、砂上の楼閣に過ぎない。新法において、前文が規定されることは、高く評価できる。

障害当事者参加の大きな成果とも言うことができる。

(2) 法の目的

基本合意書においては、「障害者福祉の充実は、憲法などに基づく障害者の基本的人権の行使を支援するものことを基本とする」とされたことから、法の目的においては、憲法第13条（幸福の追求）、第14条（法の下の平等）、第22条（居住、移転及び職業選択の自由）、第25条（生存権）などの基本的人権、改正障害者基本法などに基づいて、「基本的人権を享有する個人として尊重され、他の者との平等が保障されるものであるとの理念に立脚するものであること」が規定される。

基本的人権の関する規定が盛り込まれることは、高く評価すべきものである。しかし、その根拠とする憲法第22条は、居住・移転の選択自由にともに、職業選択の自由を含むものであることに加えて、新法においては、就労支援の仕組みについても言及している（しかも、障害者就労支援センターに就労する障害者には、労働関係法制の適用が予定されている）ことから、憲法第27条（勤労の権利・義務）を何故に、明確に規定しないのか、疑問が残る。

(3) 法の理念

従来施策では、障害者は、保護の対象とされてきた。このため、障害者が権利の主体であることを明確にしなければならないとし、新法では、法の理念規定において、(1) 障害当事者は、これまでの様に保護の対象ではなく、

権利の主体であること、(2) 障害概念に関しては、医学モデルから社会モデルへ転換することを明らかにするとしている。

これまでの法制度においては、障害当事者の自立努力を強く求めてきたが、「障害の本質とは、機能障害や疾病を有する市民の様々な参加を妨げている社会的障壁にほかならないこと」「機能障害や疾病をもつ市民を排除しないようにする義務が社会、公共にあることが今後の障害者福祉、支援の基本理念であること」を確認し、従来施策からの脱却を目指すものとして、高く評価できる。

(4) 法の対象となる障害者

新法の対象となる障害者は、障害者基本法第2条の障害者（身体障害、知的障害、精神障害（発達障害を含む）その他の心身の機能の障害がある者であって、障害及び社会的障壁により継続的に日常生活又は社会生活に相当な制限を受ける状態にあるものをいう。）の範囲に合致させられている。

これに関しては、「従来の福祉サービスの提供は機能障害を中心に提供されてきた」とし、新法においては、「社会的障壁を定義に取り組むことにより、この障壁を除去するとの観点から必要な支援が提供されることが求められる」とする。

すべて人は、何らかの機能障害を持つ存在である。機能障害は、障害者固有のものではない。障害と社会的障壁を切り分けるならば、障害者という捉え方ではなく、「障壁を除去するとの観点から必要な支援」を必要な人と捉えることもでき、障害者という概念規定は必要とされない。この考え方の方が、社会モデルへの転換の趣旨により合致すると考えられる。

障害者が働くという場面を考えたとき、問題となるのは、機能障害そのものの問題ではなく（通常は、障害は固定し、継続的な医療行為は、必ずしも必要とされない）、むしろ、それに起因する社会的障壁の問題である。この障壁は、合理的配慮のための措置を講ずるならば軽減できる。したがって、障害者雇用促進法などの個別法においては、それぞれの目的に従って、別途

の定義（例えば、合理的配慮の必要性との係わりからの定義など）が認められなければならい。

(5) 支給決定の仕組み

　サービスの利用に当たっては、障害当事者（及び家族）の意向が最大限に尊重されるべきは当然のことである。このため、新法においては、障害程度区分によることなく、支給決定するとされた。これは、前述のように、障害程度区分認定調査項目が、介護保険法の基準項目を活用しており、知的障害者や精神障害者については適切な判断基準とは言えない（一次判定結果が二次判定で変更される割合は4〜5割以上とされている）ことに対応したものである。

　新法においては、「障害種別を超えた支給決定の客観的指標とするには問題が大きい」とし、「支給決定については、試行事業を実施して、その検証結果を踏まえ、導入を図る」とされているので、高齢者とは異なるニーズを持つ障害当事者のニーズを十分に汲み取ることのできる適切な判断基準の策定が期待される。

　なお、支給決定は、一連のプロセスに基づいた行政処分であることから、当然のことながら、不服申し立てできるが、現状においては、高いハードルがある。このため、市町村への異議申し立てや都道府県への不服申し立ての手続のハードルを低くするため、相談支援機関に不服審査の支援を求めることも予定されているが、方向としては、適切なものである。

(6) 就労支援

　既に制度化されている就労移行支援事業、就労継続支援事業（A型・B型）、生産活動の機会などを提供する生活介護事業、域活動支援センター、小規模作業所などの地域にある社会的資源を、新法では「障害者就労センター」と「デイアクティビティセンター（作業活動支援部門）」として再編成するとされた。

1) 労働関係法制の適用

「障害者就労センター」は、「必要な支援を受けながら働く場であり、そこで就労する障害者には、一人ひとりの労働実態に応じて労働法の全面適用又は部分適用する」とされた。

知的障害者や精神障害者については、就労（雇用）の成立・維持・向上の過程において、継続的な支援が必要とされる場合があることから、「必要な支援を受けながら」という考え方が導入され、かつ、労働関係法制の適用が明確にされたことは評価できる。

労働法を適用するとの方針は、権利条約第27条において、「障害者が他の者との平等に労働についての権利を有すると認める」とし、さらに、ILO審査委員会において、「授産施設で適用される基準は国内状況を考慮する必要があるとはいえ、当委員会は、これらの基準もまた機会均等及び待遇の均等（第4条）などの条約の原則に従わなければならない」とし、「授産施設における障害者が行う作業を、妥当な範囲で、労働法の範囲内に収めることは極めて重要であろうと思われる。」としたことへの対応と考えられる。

しかし、労働関係法制を適用（部分適用を含め）するならば、あえて「就労」と表現する必要はない。それは、労働基準法上の労働者と認めるものであり、そうであるならば、福祉法制に止めておく必要もない。当然に、障害者雇用促進法の政策体系に移行させなければならない。

さらに、「官公需や民需の安定確保の仕組みの構築や同センターの経営基盤の強化、賃金補填などの制度化などにより、そこで就労する障害者に最低賃金以上を確保することを目指す」ならば、労働関係法制を部分適用とする根拠はみあたらない。

就労センターにおいて就労（雇用）場面を共有しながら、労働関係法制の適用に格差を認めるならば、障害者の権利条約及びILO条約の求める「機会均等及び待遇の均等」原則の趣旨からは問題が残る。

2) 一般雇用への移行支援

　新法は、障害者就労センターで就労する障害者のうち、「一般就労・自営を希望する者については、ハローワークなどの労働関係機関と密接に協力・連携し、一般就労・自営への移行支援及び移行後のフオローアップ支援を積極的に行う。利用期間には、期限を設けない。また、利用料の徴収はしない。」としている。

　雇用関係が成立し、労働関係法制が適用されていれば、一般雇用と何らの差異はない。就労（雇用）の継続によって、生活は安定し、将来設計も可能となる。利用期間を設けず、利用料を徴収しないのは当然である。

　また、仮に、そこでの労働が自分に向かないなどのことがあれば、一般雇用の場を求めて、障害当事者がチャレンジするのは、ごく自然なことである。一般企業においては、この種のチャレンジは、自己責任であるが、障害者については、支援の必要な場合もあることから、新法において、「移行支援及び移行後のフオローアップ支援」を規定するのは、当然であろう。

3) デイアクティビティセンター

　デイアクティビティセンターは、「障害者就労センターの創設に当たっては、労働法を適用することが適切でない人が働く場を失うことのないように十分な配慮を行う。」ことに対応するためのものと思われる。

　このセンターの「作業活動支援部門は、就労支援の場であるので、利用者に工賃を支払うものとする。作業活動による収入を高めるため、障害者就労センターと同様の事業振興策の構築を行うこととし、労働者災害補償保険法にかわる保障制度の確立を検討する。就労を主目的とした場ではないため、労働法の適用はない。利用者の生活費は、基本的には障害基礎年金や障害者手当などの所得保障制度でカバーする。」とされている。

　作業活動支援部門は、就労支援の場であるが、就労を主目的とした場ではないことから、「労働法の適用はない」とする。即ち、あくまで就労支援の機能に過ぎないので、そこにおいて支払われる工賃に関しても、最賃以上を

求めるなどの規定も整備されていない。「労働法の適用はない」としながらも、労働者災害補償保険法にかわる保障制度の確立を検討するとされていることは、一歩前進と評価される。しかし、すでに制度が確立されているのであれば、それを適用することが基本であろう。別の保障制度（障害者を特別扱いするのではなく）ではなく、労働者災害補償保険法を適用し、その保険料（事業主負担分）について国が肩代わりするなどの方法も考えられるので、今後、検討が深められることが望ましい。

また、同センター（作業活動支援部門）を利用する障害者のうち、一般就労・自営、あるいは障害者就労センターへの移行を希望する者については、その移行支援及び移行後のフォローアップ支援を積極的に行う。利用期間には、期限を設けない。また、利用料の徴収はしない。」としている。

しかし、この場合の移行支援ついては、職業リハビリテーションであるので、目標設定を明確にし、期間を切ったサービス（2年程度）とすることも想定しておくべきものであろう。

4) 試行事業（パイロット・スタディ）

就労合同作業チームで提案されている「試行事業（パイロット・スタディ）に関しては、その内容及び方法などについて、本骨格提言の取り纏め後に関係者の意見を踏まえて検討した上で実施し、新法施行後3年をめどに、就労分野での人的支援・仕事の確保・賃金補填の在り方などについて検証する。その結果を踏まえて、障害者の就労支援の仕組みを見直しつつ、賃金補填の制度についても検討する。」とされた（後述）。

(7) 人材確保施策

報告は、「障害者の安定した地域生活の展開し、施設や医療機関などからの地域移行を実質化するとともに、家族依存の色彩が根強く残る障害福祉施策により、成人した障害者の生活まで家族が抱え込まざるを得ない現実を変えるためには、①労働及び雇用・日中活動の場、②居住の場、③所得保障、

④人的な支え、⑤保健医療の5つの分野が一定の水準で確保される必要があり、人的な支援体制の確保は、その根幹である。」とし、「人材確保こそが障害者地域生活実現の鍵である」と指摘する。

そして、「障害者の安定した地域生活を支える人材を確保し、また、その人材が誇りと展望をもって支援を継続できるようにするため、少なくとも年齢別賃金センサスに示された全国平均賃金以下にならないよう事業者が適切な水準の賃金を支払うこととする。そのためには、事業者が受け取る報酬の積算に当たっては、少なくとも上記水準の賃金以下とならないような事業報酬体系を法的に構築すべきである。」としている。

福祉現場の労働条件の向上については、かねてより問題指摘されてきたが、その改善は十分ではなかった。その一因は、改善のための法的な基盤が整備されていなかったことによる。その意味で、新法の「事業報酬体系を法的に構築」すべきとの規定は画期的なものとも言える。

しかし、人材の範囲について明確な規定がない。既に、国家資格となっている社会福祉士、介護福祉士などについては、当然にこの対象となると想定されるが、重要な責務を担いながらも、国家資格や認定資格となっていない職種（例えば、障害者職業カウンセラー、ジョブ・コーチなど）もみられるので、早期に、法的な位置づけを明確にすることが重要となる。

2　就労合同作業チームにおける検討

障がい者制度改革推進会議総合福祉部会では、関連分野（医療、障害児、労働と雇用など）について、作業チームに分かれて検討が深められているが、ここでは、就労合同作業チームにおける検討報告（以下、「報告」という）に言及しておきたい。

(1)　雇用の質を確保するための法改正

雇用率制度は、雇用の促進には効果的としても、質の向上には、必ずしも寄与しないことを指摘してきたが、報告においても、「障害者雇用促進法に

基づく障害者雇用率制度は、主に量としての雇用の確保を意図したものであり、障害者権利条約第27条で求められる、質としての雇用の確保を担保するものではない。したがって、公的機関及び大企業に限らず中小の企業においても、障害者が他の者と平等な雇用条件や昇給・昇進、希望職種・業務の充足といった雇用の質が確保できるようにするために、労働の権利、障害に基づく差別（合理的配慮の提供の拒否を含む）の禁止、職場における合理的配慮の提供の確保等に関する必要な規定を設けるべきである。」と指摘している。

このため、報告は、「量だけではなく質としての雇用を確保するため、障害者雇用促進法を改正に当たっては、障害者の権利条約第27条（労働及び雇用）で求められる労働の権利、障害に基づく差別（合理的配慮の提供の拒否を含む）の禁止、職場での合理的配慮の提供を確保する。」との規定を求めている。

この考え方は、権利条約第27条の求めるところを実現するために不可欠であり、適切なものである。

併せて、障害者雇用促進法にこれらの規定を設けることが困難な場合には、それに代わる新法（労働法）で規定する」ことが望ましいとする。雇用促進法は、事業主及び公的機関に障害者の雇用を求め、これを担保するために雇用納付金制度などを整備するものであり、この一部改正によって対応することは、障害者雇用促進法の内容を複雑にするに過ぎない。したがって、新たな法の制定が望ましい。この場合、労働法とあるが、リハビリテーションのサービスと一体的なものであることが求められるので、アメリカの例の様に、リハビリテーション法といったものが適切と思われる。

(2) 雇用施策の対象とする障害者に就業上必要な支援を認定する仕組み

報告は、「障害者雇用率制度に基づく雇用義務の対象を、あらゆる種類の障害者に広げると共に、それに伴って大幅な引き上げが求められる雇用率達成のため事業主への支援を拡充する必要がある。また、障害者が職場で安定

的に就業するための合理的配慮の提供を含む、就業上必要な支援を明らかにする総合的なアセスメントを整備する。」ことを求めている。

　報告の指摘する雇用義務の対象となる障害者の範囲の拡大、それに伴う法定雇用率の引き上げ、事業主への支援は、当然のこととして理解される。

　また、合理的配慮は、雇用の成立・維持・向上の過程において、重要な措置であるが、その必要性に関しては、合理性及び客観性が求められるので、「当該障害者の就業に係わるすべての利害関係者（障害当事者及び事業主も含む）がチームとしてアセスメントを行う仕組みを整備する必要がある。そうしたアセスメントは、状況に変化に応じて柔軟な見直しが求められる。」としている。

　報告の指摘は、極めて妥当なものであり、障害者雇用の現状を踏まえながら、一定のガイドラインが示されることが必要となる。また、これらガイドラインについて、報告は言及していないが、事業主は勿論、障害当時者にあっても判断の指針ともなるので、公表されなければならない。

(3)　障害者雇用率制度及び納付金制度の見直し

　報告は、「社会モデルに基づいた障害の範囲の拡大」「仕事の発注額などに応じて当該企業の障害者雇用率に算定する（いわゆるみなし雇用の制度化）」などを踏まえて、「大幅に引き上げる方向での見直しが求められる。」としている。また、いわゆるダブルカウントについても、見直しすべきとの意見があったとしている。

　みなし雇用については、有効な方策とも考えられるが、障害者雇用を法的義務とした考え方との間に疑念を生ずることに加えて、障害者雇用の抜け道を造ることにも繋がるので、雇用すべき障害者の一定割合に止めるなどの制度設計について検討することが望まれる。

　併せて、報告は、「障害者雇用率制度の対象者の拡大に対応して、法定雇用率及び納付金制度は、調査に基づいて課題と限界を検証し、法改正などに向けて必要な見直しを行うべである」とし、(1)重度障害者のダブルカウン

ト、(2) 雇用義務の対象となる障害者の範囲の見直し、(3) 助成額の引上げや給付期間の恒久化などについての検討を求めている。(1) 及び (2) について、検討を深めることは、適切ではあろう。しかし、(3) の助成制度については、脆弱な財源という性格から、恒久化は極めて難しいことを指摘しておかなければならない。恒久化を求めるならば、別の財源措置について検討すべきものである。

(4) 職場における合理的配慮の確保

報告は、「事業主が障害者に合理的配慮を提供するのに必要な経済的・技術的支援を受けられるような仕組みとともに、合理的配慮が提供されない場合、苦情の申し立てと救済措置が受けられるような仕組みを整備する必要がある。」とする。これは適切な提言として評価できる。

そして、報告は、「苦情を申し立て、救済措置が受けられるような第三者性を確保した仕組みについては、職場内および労働審判制度の整備を含めて平成24年度内を目途に得られる差別禁止部会及び労働政策審議会障害者雇用分科会での検討結果などを踏まえ、適切な措置を講じる必要がある。」と指摘している。

さらに、合理的配慮に関し、報告は、「就労系事業、特例子会社、重度障害者多数雇用事業所等での合理的配慮の実践例を企業に示すことで、企業の理解を求める。合理的配慮の類型化や事例のガイドブックの整備等も企業の取り組みを進める上で有効と思われる。」としている。これも適切な方向として評価できる。併せて、「理的配慮に係る費用負担の問題もあるので、報告では、「合理的配慮に係る費用負担の在り方も整理する必要がある。」と指摘している。しかし、報告にはそれ以上の言及はない。既に述べたように納付金制度に基づく助成措置については、財源規模も小さく、安定的なものではないので、雇用保険・労災保険（公務員共済）といった財源の活用が考えられなければならない。

第3章　障害者制度の改革を巡る動向

(5) 社会的事業所制度創設に向けたパイロット・スタディ

報告は、「現在の国の制度では、一般就労と福祉的就労しか選択肢がなく、しかも賃金（工賃）や位置づけ（労働者か利用者か）についても大きな乖離がある。そのため、両者の間に新たな選択肢をつくることや福祉的就労に労働法規を適用すること、さらには多様な働き方を保障することなど、種々の課題がある。」と指摘し、「安定した雇用・就労に結びついていない障害者に適切な就業の機会を確保するため試行事業（パイロット・スタディ）を実施し、賃金補填や仕事の安定確保などを伴う多様な働き方の就業系事業や就労分野における人的支援の在り方を検証する。」としている。

これは、EU諸国のソーシャル・ファームの経験に学びながら滋賀県などにおいて、社会的事業所制度が創設され、成果を上げていることを念頭においたものと考えられる。

パイロット・スタディは、全国で80カ所程度（就労継続支援事業A型・B型、地方公共団体で独自に実施されている社会的事業所など）とし、賃金補填や官公需・民需の優先発注を伴う多様な働き方の制度化についての実証的な検証が行われる。

実証を踏まえて制度設計することも重要であり、評価することができる（拙速に制度改正を行った自立支援法の経験に学ばなければならない）。しかし、パイロット・スタディという場合、全国で80カ所程度が適切か否かについては疑問が残る。明確な実験計画が設定されたものであるならば、80カ所は、過大に過ぎると思われる。制度設計のために、就労（雇用）の現場に大きな負担を求めることがあってはならない。

(6) 賃金補填と所得保障制度（障害基礎年金など）の在り方の検討

報告は、「賃金補填の導入を考える上で、現行の所得保障制度（障害基礎年金など）との関係を整理した上で、両者を調整する仕組みを設ける。」としている。このためには、「障害者が賃金補填を受ける場合、障害基礎年金など現行の所得保障制度との関係を整理した上で年金給付を賃金補填に振り

替える仕組みや賃金補填の対象となる障害者の認定の仕組みなどの検討が必要となる。」と指摘している。

　賃金補填に関しては、かねてから議論があったが、これを公式に取り上げ、その方向性を明確にしたことは高く評価される。

　さらに、賃金補填の導入に当たっては、「事業者が、モラルハザードを起こし支払う賃金を引き下げるなどしないよう、生産性や付加価値を高めるとともに、障害のある従業員の能力開発により賃金補填額の縮小、あるいは賃金補填がなくとも最低賃金以上の賃金を支払うことを目指すような制度設計とする」「賃金補填により労働市場の賃金決定にゆがみが生まれ、障害者以外の労働者の雇用の減少が発生しないようにする」ことを要件としているが、これは、当然のことと理解される。

　賃金補填を特別のものと考えてはならない。合理的配慮と同様に、障害当事が、ごく当たり前に働くためのスタート地点に立つための条件整備策の一つ考えて、制度化に向けて、関係者の努力に期待したい。

(7) 労働施策と福祉施策を一体的に展開するための体制の整備

　報告は、「障害者の雇用・就労にかかる労働施策と福祉施策を一体的に展開し得るよう、関係行政組織を再編成するとともに、地方公共団体レベルで雇用・就労、福祉および年金などに係る総合的な相談支援窓口（ワン・ストップ・サービス）を置く。」と指摘している。

　障害者の雇用・就労の安定を考えれば、これに係わる地域レベルの組織（ハローワーク、福祉事務所、地域障害者職業センター、障害者就業・生活支援センター及び地方公共団体が設置する就労支援機関など）を一元化し、総合的にサービスを提供できる体制の整備は、当然に求められる。

　報告においては、これ以上の言及はないが、例えば、障害者就業・生活支援センターなどの職業リハビリテーション関係組織を中心として、関連するサービスを「地域リハビリテーションセンター」（仮称）（福祉圏域ごとに設置）といった組織に整理統合することも考えられる。この場合、滋賀県の障

害者の就労ニーズと企業の雇用ニーズをマッチングさせる取り組みを進めるとともに、多様な就労ニーズに応じた新たな仕事や雇用形態などを生み出すことを目指す「働き・暮らし応援センター」の先行的な取り組みが参考となる（後述）。

(注1)　障害者自立支援法訴訟団」：原告団（福岡、広島、岡山、神戸、京都、大阪、和歌山、奈良、滋賀、名古屋、東京、さいたま、盛岡、旭川の14地方裁判所に提起している原告70名）、弁護団（原告訴訟代理人団170余名）及び訴訟支援団体「障害者自立支援法訴訟の勝利をめざす会」の3者で構成される。HPrhttp://www.norm.net.ne.jp/~ictJD/suit」により公開
(注2)　エド・ロバーツ：13歳のときにポリオ・四肢まひ、呼吸器障害のため、鉄の肺に依存、昭和37（1962）年・カリフォルニア大学バークレー校へ（サンマテオ大学を経て）、住宅を探すも得られず、大学構内にある学生保健センターを利用して通学、大学院を経て、バークレー校で教えるかたわら、反戦運動、公民権運動に参加、昭和45（1970）年・連邦政府から財政援助を得て「障害をもつ学生への援助プログラム」を作る、昭和47（1972）年〜昭和50（1975）年・バークレーCIL（Center for Independent Living）所長、昭和50（1975）年・カリフォルニア州リハビリテーション局長・国際障害研究所 International Institute on Disability 所長、平成7（1995）年、逝去
(注3)　第一次意見においては、「医学モデル」「社会モデル」を、次のように説明している。「障害の『医学モデル』とは、心身の機能・構造上の『損傷』（インペアメント）と社会生活における不利や困難としての『障害』（ディスアビリティ）とを同一視したり、損傷が必然的に障害をもたらすものだと捉える考え方であり、障害の原因を除去したり、障害への対処において個人への医学的な働きかけ（治療、訓練など）を常に優先する考え方である。また、医学モデルは、障害を個人に内在する属性として捉え、同時に障害の克服のための取組は、専ら個人の適応努力によるものと捉える考え方であり、障害の『個人モデル』とも呼ばれる。
(注4)　「ハート購入法」（仮称）：同法案は、障害者の就労促進と所得向上を目的とするもので、授産施設などにおける「工賃倍増」を実現する手段とされる。国、自治体、独立行政法人などの公的機関に、就労支援施設の製品やサービスを優先的に購入、利用するよう努力義務を課すもの。対象となる施設は、授産施設、福祉工場、地域活動支援センターなど（計約5千カ所、約20万人の障害者が働いている）。優先購入が認められるのは、多くの施設が取り組んでいる名刺や封筒などの製品、施設や公園の清掃、売店やレストラン運営のサービスなど、約70種類。各省庁や自治体は毎年度、年間計画を立て、随意契約などでこれらの商品やサービスを購入する。議員立法で国会に法案が提出されたが、民主党などの反対で実現していない。

第4章　ILOの提言する『ディーセント・ワーク』の視点からみた我が国の障害者施策の問題

　上述のように、新政権においては、障害者の権利条約の早期批准を念頭に、改革へ向けての体制が整備され、検討が深められている。

　しかし、問題は極めて広範なものであり、早期の結論を得ることは現実問題としては難しい。また、障害者が働くということに関しては、必ずしも、方向性が明確に示されているとは言えない。

　今日の社会は、障害のある無しにかかわらず、ともに、安心して働ける状況にはないといっても過言ではない。企業と社員が結ぶ雇用契約の種類には、様々なものがあり、正社員、契約社員、派遣社員、パート社員（アルバイト）などに区分される。かつては、正社員が企業の主な雇用形態だったが、企業と個人の双方のニーズに応じて、パート社員や派遣社員など、雇用形態は多様化し、いわゆる非正規雇用が、急速に、増加している。因みに、非正規雇用者の割合は、3人に1人超を占めるようになっている（10代後半では、この割合は、約7割と報告されている）。

　雇用形態がどの様なものであれ、すべての労働者が安心して働くことができるようにするためには、適切な雇用の場があることに加えて、安定的な雇用の維持・向上のために、様々な法制的な仕組みの整備が重要であるが、現状は、必ずしも十分とは言えない。

　このために、障害者の問題を論じながら、それに止まることなく、地域には、雇用上の大きな阻害要因を持っていたり、雇用が不安定な者が、常に、存在していることを念頭に議論を進めなければならない。

　今後の施策の目指すべき方向は、障害者を含むすべての労働者が生きがいを持って、安定して働ける様にすることにあり、これを共通の認識としなければならない。

　その鍵は、ILOの提言する『ディーセント・ワーク（Decent Work）』（働

第4章 ILOの提言する『ディーセント・ワーク』の視点からみた我が国の障害者施策の問題

きがいのある人間らしい仕事）にある。

第1節　ILOの提言する『ディーセント・ワーク』

　平成11（1999）年のILO総会において、フアン・ソマビア事務局長は、「今日、ILOの最大目標は、自由、公平、保障、人間としての尊厳が確保された条件の下で、人々に、『ディーセント・ワーク』で、生産的な仕事を得ることを促進することにある。」と声明した。これは、ILOのこれまでの活動を基礎としたもので、21世紀において、すべての働く労働者がこれを享受すべきものとするILOの最終的な活動目標として位置づけられている。

1　『ディーセント・ワーク』の意味するもの

　『ディーセント・ワーク』の「Decent」とは、「きちんとした」「まともな」「適正な」といった意味であるが、これと「Work」を繋げた『ディーセント・ワーク』は、我々には馴染みのない言葉であり、日本語訳することが難しい面もある。しかし、日本語訳しなければ、我が国にこの概念を定着させることはできない。このため、一般的には、「働きがいのある人間らしい仕事」と訳されているものの、これだけでは、その意味するところを伝えきれない。

　ILOは、『ディーセント・ワーク』次のように分かり易く説明している。

「(1) ディーセントは、「まともな」という意味です。『ディーセント・ワーク』とは、「人間らしい仕事」のことです。人間らしい仕事とは、まず、仕事があることが基本ですが、その仕事は、権利、社会保障、社会的対話が確保されていて、自由と平等、働く人々の生活の安全保障のある、すなわち、人間としての尊厳を保てる生産的な仕事のことです。『ディーセント・ワーク』は、人々の最も自然な、日常的な願いです。(2) 仕事はすべての人々にとって、欠かすことのできない生活の部分です。仕事には、報酬を得て働くことばかりではなく、育児、介護などのような報酬を支払われない仕事もあります。また、企業に雇われて働くだけでなく、インフォーマル経済

での仕事、協同労働など様々な働き方があります。仕事は、第一に、大部分の人にとって生活維持のための貴重な、恐らく唯一の手段です。さらに、生存の基本的なニーズを満たすための必須の手段であるばかりではなく、人々が自らのアイデンティティを自分自身に、そして、周りの人々に確認させる活動であり、人生の意義、生き甲斐を見いだすものでもあります。(3) 仕事から得られる収入や満足は、個人の問題を超えて、家族の幸せや社会の安定に関係します。仕事というレンズを通じて、人々は、経済の動き敏感に感じます。つまるところは、仕事は、人間の根幹に係わる意義を持っているのです。」

ILOは、この様な意味の『ディーセント・ワーク』を実現することを、ILO憲章により与えられた使命達成のための主目標の今日的な表現であるとしている。

これを受けて、我が国においては、『ディーセント・ワーク』とは、人々が働きながら生活している間に抱く願望、すなわち、(1) 働く機会があり、持続可能な生計に足る収入が得られること、(2) 労働三権（注1）など、働く上での権利が確保され、職場で発言が行いやすく、それが認められること、(3) 家庭生活と職業生活が両立でき、安全な職場環境や雇用保険、医療・年金制度などのセイフティ・ネットが確保され、自己の鍛錬もできること、(4) 公正な扱い、男女平等な扱いを受けること、といった願望が集大成されたものと説明されている。

2 『ディーセント・ワーク』と労働条件

ILOの提言する『ディーセント・ワーク』は、人間らしい生活を継続的に営むことができる「人間らしい労働条件」といった視点からも捉えることができる。直接的な労働条件としては労働時間（1日あたり、1週あたりの）、賃金、休日の日数、労働の内容などが、人間の尊厳と健康を損なうものであってはならず、人間らしい生活を持続的に営めることが求められる。さらに、それを保障する労働条件として、結社の自由、団体交渉権、失業保

第 4 章　ILO の提言する『ディーセント・ワーク』の視点からみた我が国の障害者施策の問題

険、十分な雇用、雇用差別の禁止、最低賃金などが確保されていること（つまり、労働者保護が十分であること）が求められる。後半の労働条件は、前半の直接的な労働条件を改善・維持するために必要な条件であって、この両方の労働条件が満たされた場合、はじめて『ディーセント・ワーク』が実現されたと言える。

『ディーセント・ワーク』の実現は、すべての労働者を対象とするものであり、当然のことながら、障害当事者も含まれる。アメリカ映画『愛は静けさの中に』で、アカデミー主演女優賞を受賞したマーリー・マトン（聴覚障害者）は、ILO の公開討論に、「『ディーセント・ワーク』は、「障害者を含むみんなのもの」「誰もが人並みのディーセントな暮らしを送る公正なチャンスを得られるのは、ただ、『ディーセント・ワーク』を通してのみ」とのメッセージを寄せている。簡潔であるが、実に、正鵠を射たメッセージである。

既にみたように、労働市場は大きく変化している。障害者の働くことを考えるに当たっても、その様な変化に即応して対策を検討していかなければならない。働くことを希望する障害者当事者に、ただただ、働く機会を提供すればよいものではない。健常者に比較して、低い労働条件を黙認するようなものであってはならない。働くというならば、「働きがいのある、そして、人間らしい仕事（ディーセント・ワーク）」を、当然に享受すべきものでなければならない。

このためには、すべての労働者のために、『ディーセント・ワーク』を実現とようとする ILO の姿勢に呼応し、本稿のテーマである障害者が働くことについても、これを基本とすることが、最も適切な方策と考えられる。これは、権利条約の目指すところを実現することにも繋がる。

第 2 節　「ディーセント・ワーク』の視点からみた我が国の問題

ILO の目標とする『ディーセント・ワーク』の視点からみて、我が国における障害者の働く場の問題について議論を深めていきたい。

まず、指摘しなければならないことは、我が国では、障害者の働く場は、一般雇用（民間企業、公的機関での雇用）と福祉的就労（福祉工場、授産施設、小規模作業所での就労）という二元的な仕組みで構成され、それぞれの施策は、十分なる連携が必要であるにもかかわらず、いわば、自己完結的に展開され、施策の充実が図られてきた（因みに、福祉的就労から一般雇用への移行率は、年間1％程度に過ぎない）。新たに制定された障害者自立支援法によって、従来の福祉工場は、就労継続支援事業（A型）として、授産施設・小規模作業所は、就労継続支援事業（B型）として、それぞれに政策体系は整理されたものの、労働関係法制の適用の問題は依然として温存されている。

　一般雇用は、公的機関及び民間企業（一般企業、単独・子会社方式・第三セクター方式による重度多数雇用事業所））によって実現され、そこに働く障害者については、労働関係法制が適用される。この一般雇用施策は、制度発足の時点からすれば、改善が行われ、充実も図られてきたことは確かであり、障害当事者もその恩恵に浴してきたことは否定できない。

　しかし、同時に様々な問題を抱えていることも否めない。民間企業にあっては、急速に進行する規制緩和によって、非正規雇用が著しく増加し、労働条件についても悪化が進んでいる。それらは、当然のことながら、障害者雇用にも大きな影響を与えるとみられる。

　一般雇用の促進にあって、大きな役割を果たしているのは雇用率制度である。このためには、雇用義務のある企業から報告される障害者の雇用実績を全国集計した「障害者雇用状況報告」によって、雇用状況の推移を見ながら、どこに問題があるかを分析することも一案である。

　しかし、この報告の母集団となる企業は、毎年同じではない。即ち、雇用労働者が減少すれば報告対象から外れるし、逆に、企業活動の拡大に伴う労働者数の増加によって、新たに対象となることもある。雇用状況報告は、ある特定の年度の集計結果については、行政指導の上において大きな武器となるが、統計の不連続性の故に、雇用改善が進んだかどうかを判断する上では

第4章　ILOの提言する『ディーセント・ワーク』の視点からみた我が国の障害者施策の問題

必ずしも、適切なものではない。また、雇用率制度によって、障害者の雇用の機会は量的に拡大されたことは確かであるが、ダブルカウント制度や短時間労働者などを実雇用率に参入する効果によるところが大きいことも、強く指摘されている。

1　一般雇用における問題点
(1)　障害者当事者の意見から

　以上の理由から、ここでは、量的な側面ではなく、質的な側面に焦点をあてて問題を探ることとしたい。このため、平成20（2008）年・福祉エキスポ　特定非営利活動法人・アビリティーズ協会：すべての障害者が生きがいを持って働けるようにするために＝一般雇用と福祉的就労の統合＝（平成20（2008）年11月8日）における障害当事者代表の主張に耳を傾けることとする。

　まず、障害当事者の一人である河原正明（身体障害代表発表者）（注2）は、次の様に自己の体験を語っている（既に、その一部については、記述したところであるが）。

　「まず、私の就職活動から

　まず、進路指導で感じたのは、その人にどんな力や可能性があるかということより、その人がどんな障害があり、「重度」か「軽度」かが優先されていたことである。実際に私は、就職のために色んな資格を取得したが、進路指導においては、ほとんど勘案されず、障害が「重度」であることから、更生施設に入所することになった。進路指導関係者の障害者像は限定的で、限られた選択肢の中で一定のレベルにある人だけが就職できるという考え方であり、職安の担当官でさえ、「働けるだけでも幸せ」という感覚での対応であった。

　私の仕事の経験から

　その後、第三セクター方式による特例子会社で働くこととなったが、まず、感じたことは、この会社は、特別の会社であることを求められるという

ことであった。つまり、障害者が働く特別な仕組みでないと助成や支援が受けられないことから、福祉企業という特別なセクターが出来てしまうことである。しかし、実態は、障害者を集める効率の悪さに加え、赤字を出さない業績が求められ、障害者雇用の難しさを際立たせる結果となっている。

全般を通じて、障害者として働いて感じることは、仕事に自分を合わせる力、自分に仕事を合わせる力の両方が必要であるということである。言い換えれば、環境と能力のバランスを如何に保っていくかが重要と言えよう。

また、障害者はめぐり合う同僚、上司、支援者の資質の影響を直接的に受けやすく、それによって仕事の出来が変わるといっても過言ではない。

<u>障害者が当たり前に働くために</u>

障害のある人が当たり前に働けるようにするには、まず、一般の社会にインクルーシヴな職場を作ること、具体的には、特別の障害者の職場（福祉工場・特例子会社）を作るのではなく、一般的な職場に、必要とされる支援（ジョブ・コーチ、介助））のシステムを組み込むことにある。それによって、障害者が働ける企業や業務が増え、誰でも働ける環境を整備していくことが重要である。次に、意識の問題として、障害者が働くアイデンティティの確立が求められる。つまり、現在の雇用率達成という罰則的な負の雇用から、障害者が働くことが企業のステイタスになる雇用への変換である。単にこれは、障害者が働くという観点のみならず、少子高齢化、労働人口減少、社会的弱率増加の社会において、障害者を含む多様な人々を包み込むような雇用機会の拡大は、社会的急務であろう。」

河原正明の意見は、まず、進路指導においては、障害当事者の可能性については、殆ど検討されることもなく、「一定のレベル」（就職レディネスが確立しているとも言える）にある人だけが就職できるという考え方が支配的であることを指摘する。「一定レベル」とあるが、現実には、その時その時の進路指導担当者の裁量に任されたもので、結果としては、障害当事者の職業的自立への進路が、恣意的に決定されてしまうことを如実に示すものであろう（これについては、既に指摘したところである）。

第4章　ILOの提言する『ディーセント・ワーク』の視点からみた我が国の障害者施策の問題

　障害当事者は、「働くだけでも幸せ」という感覚を持つ行政官の下では、一般企業への道は開かれない。河原正明は、その様な問題を指摘しつつ、特例子会社での雇用経験を踏まえて、「特別の障害者の職場を作るべきではない」と主張する。

　そもそも、特例子会社制度とは、障害者雇用の実績があるにもかかわらず、たまたま、それが子会社であったという様な場合、本社には、その雇用実績がカウントされないという事例があった（法定雇用率未達成となり、行政指導の対象となったり、301人規模以上の企業であれば、納付金の納付を求められる）ことから、法令上の解釈として、親会社と小会社を一つにして法定雇用率制度を適用するという行政上の解釈をしてきたに過ぎない（その後、法律上に、この取扱いが明記され、制度化された）。

　因みに、特例子会社の設置状況をみると、設立数の伸びに加えて、雇用障害者数も増加している。なかでも、知的障害者の増加数が著しいことが指摘される（表1）。

表1　特例子会社の設置及び雇用障害者数（各年6月1日現在）（％）

年　度	平成13年 (2001)	平成17年 (2005)	平成18年 (2006)	平成19年 (2007)	平成20年 (2008)	平成21年 (2009)
子会社数	115 【3,069】	174 【4,853】	195 【5,695】	219 【6,650】	242 【7,679】	265 【8,635】
雇用障害者数	5,191.0 (100.0)	7,838.0 (100.0)	9,109.0 (100.0)	10,509.5 (100.0)	11,960.5 (100.0)	13,306.0 (100.0)
うち身体障害	4,281.0 (82.5)	5,629.0 (71.8)	6,127.0 (67.3)	6,639.0 (63.2)	7,107.0 (59.4)	7,470.0 (56.1)
うち知的障害	910.0 (17.5)	2,209.0 (28.2)	2,932.0 (32.2)	3,721.0 (35.4)	4,612.0 (38.6)	5,478.0 (41.2)
うち精神障害	—	—	50.0 (0.5)	149.5 (1.4)	241.5 (2.0)	358.0 (2.7)

（注1）雇用障害者数は、重度障害者についてはダブルカウント、短時間労働者（週所定労働時間20時間以上30時間未満）については0.5人とカウント
（注2）雇用障害者数の【　】内は、実人員

この様な実績を踏まえて、障害者雇用の場が広がってきた（雇用の風が吹いてきた）と評価する意見もあるが、しかし、何故に、障害者は、特例子会社という選択肢を選ばなければならないのか、結果として、障害者を特別の仕組みに囲い込むなどの措置は、権利条約の「障害者が、他の者との平等を基礎として労働についての権利を有することを認める。」（第27条前段）とし、また、ILO第159号条約「第2条の政策は、障害者である労働者と他の労働者との間の機会均等の原則に基づく」（第4条）とする理念に合致するものか、極めて大きな疑念が生ずる。また、極めて高い割合で障害者が集中的に雇用されている特例子会社での労働は、「働きがいのある」「人間らしい仕事」なのか、『ディーセント・ワーク』の要件を満たしているのか問えば、問題なしとは言えない。

　知的障害者の雇用が著しく増加していることに関しては、企業全体で、真剣に、知的障害者の雇用を考えたのかと問うてみなければならない。仮に、真剣な検討も無しに、「知的障害者は、本社には、採用したくない」「子会社で採用すれば、容易に、法定雇用率を達成できる」、それは、「知的障害者にとっても、かえって良いこと」と考えての特例子会社の設置ならば、知的障害者雇用の安易な抜け道が造られたこととなる。

　特例子会社を巡る状況をみるならば、河原正明をはじめとする障害当事者の問題提起にもかかわらず、単純に、雇用の場が広がったと評価し、何が問題なのかについての議論が深められているとは言えない。雇用の量だけではなく、同時に、質も問われなければならない。何よりも問題なのは、権利条約の指摘する「障害者に対して開放され、障害者を受け入れ、及び障害者にとって利用しやすい労働市場及び労働環境」（第27条後段）が、求められているにもかかわらず、この措置が結果としては、河原正明の指摘する様に、「一般の会社にインクルーシヴな職場を作ること」、さらには、『ディーセント・ワーク』の基盤作りを阻害する方向に機能しているとするならば、極めて、大きな問題として指摘しなければならない。

　次に、M.M.（上記福祉エキスポ知的障害代表発表者）は、次のように述

第4章　ILOの提言する『ディーセント・ワーク』の視点からみた我が国の障害者施策の問題

べている。

「私は、○○通勤寮という施設へ入所しながらスーパーで勤めている。○○通勤寮は、地域生活に向けて2年間で仕事の安定を図りながら生活とお金の管理を訓練する施設である。働く仲間がたくさんいるので仕事や生活の悩みを相談したり、共感し合えたりするところが通勤寮に入って良かったと思うことである。

仕事は、平成○○年4月からパートとして働いている。仕事の内容は商品の品出しで、朝8時から夕方5時までで、体力を使う仕事なので1日の終わりにはとても疲れる。

仕事で悩むことは人間関係である。私の悪口を言ったり、頭ごなしに言われたりすることがあり、つらい思いをすることが多い。他には、採用時に『がんばれば、1年後には正社員になれると聞いていたので目標に向けて頑張ってきたが、1年経っても正社員になれなかった。店長に理由を聞くと、『レジ打ちができなければ正社員にはなれない』と言われ、採用時に言われたことと違っていたのでとてもショックだった。

私は将来、結婚して素敵なだんなさまと2人の子どもを持ち幸せな家庭を築きたいと思っている。そのためにも、給料をたくさんもらえる仕事につきたいと思って今まで頑張ってきたが、目標を絶たれてしまうと将来がとても心配になる。

また、生活面での不安や心配事もある。私は結婚をするまでのステップにグループホームへ入りたいと思っているが、サービスを利用するには1割負担が必要で今の収入では貯金もできるか心配だし、将来の生活も叶えられるかどうか不安になる。

まだまだ思っていることはたくさんあるが、私もみなさんと一緒で『普通のくらし』を普通にしたいと思っているが、でもなぜか生きにくさを感じることがある。

『なぜだろう……？』みなさんにも『当事者の立場』に立って一度考えてもらいたいと思う。」

採用時「1年後には正社員になれる」との話に、頑張ってきたにもかかわらず、レジ打ちができない（それは、採用時点で分かっていたはずであるし、適切な訓練が実施されたか疑問）という理由によって、正社員への道が閉ざされたこと、そして、依然としてパートの仕事しかさせてもらえないこと、悪口を言われたりする中で、人間関係に悩んでいること、それを解消する支援の仕組みすら整備されていないことなどの実態を勘案すれば、『ディーセント・ワーク』の要件である「働く上での権利が確保され、職場で発言が行いやすく、それが認められ」「公正な扱い、男女平等な扱いを受けている」とは思えない。

　また、M.M.は、給料の問題にも言及し、低い賃金、それが大幅に改善される見込みも立たないことから、将来の生活不安を訴えている。『ディーセント・ワーク』の第一要件である「持続可能な生計に足収入を得られること」という視点からみれば、この要件を満たすにはほど遠い実情にあることが伺える。

　「今まで頑張ってきたが、目標を絶たれてしまうと将来がとても心配になる。」という彼女の思いは、氷山の一角であって、知的障害者の雇用の現場には、さらに大きな闇があることを知らなければならない。

　次に、S.N.（上記福祉エキスポ精神障害代表発表者）は、次のように述べている。

　「私は、精神障がい当事者、メンバー。発病直後は、予備校に通い、M大学に合格、しかし、卒業するのに5年かかった。某電気販売会社に就職したものの、病気が再発し、3ヶ月で退社。再入院後、保健所デイケアーに通所した。社会適応訓練を利用して、羽曳野市内のワイン工場にも通ったが、2ヶ月位しか、続かなかった。そのうち、病院に通院中、彼女が出来て、彼女のために働こうと思い、柏原市内の洗剤メーカーにアルバイトとして勤務した。病気のことは、上司の人には、言っていた。そのうち6ヶ月たち、課長補佐（正社員）にならないかと、言われて、仕事が増え、たちまちダウン、再入院した。

第4章　ILOの提言する『ディーセント・ワーク』の視点からみた我が国の障害者施策の問題

就労して再入院ばかりするのなら、働いても意味がないと、いう事で、正規的な労働に限界を感じ、作業所・まつしのを利用しながら、当事者グループ、セルフヘルプグループの世話役をしながら、啓もう・啓発活動、講演、執筆活動などをしている。

障がい者の法定雇用率に、精神も加わったが、中々、大企業、一般企業は、受け入れてくれないのが、実状である。そこには、やはり、偏見や理解不足が、あるのではないか？

精神障害者は、『働けないのではなく、働く環境が出来ていない』のだ。人間関係が、うまくいかなかったり、できる事・出来ない事をはっきり言えない、がんばり過ぎる、完璧を求める、過労になるなど……。現在は、ジョブ・コーチなど、支援体制が整いつつある。それをうまく利用できるかどうかにある。大企業、一般企業が、就労の場とならないのは、精神障がい者に対する理解がないからだ。我々は、理解してもらえる所から始めないといけない。特例子会社という道もある。作業所が、大企業のダイレクトメールの発送やパソコン入力を担当する特例子会社となれば、良い。ピアヘルパーや、お年寄りの話し相手、将棋や囲碁、麻雀などの相手をするのも、職業として認めて欲しいと思う。

心のケアは、心の障害を経験した、我々にしか出来ない職業開拓をしていきたいと思う。現在は認められていないが、ヘルパーとして話し相手をする、将棋や囲碁、麻雀の相手をするのも立派な仕事だと思う。働くとは、ハタが楽になる事とよく大阪では言われて来た。周囲の人が楽になる事も立派な仕事だ。それがお金になるかは別として、価値観の違いはあるが、ハタが楽になる事をやって行きたいと思う。」

S.N.は、精神障害にあっては、就職後においても、医療との関係が継続し、生活面のサポートも必要とされるという特性を踏まえながら、現実の企業の場においては、その様な特性に応じた支援体制がないことを指摘し、精神障害者は、「働けないのではなく、働く環境が出来ていない」のだと、問題の本質を明らかにしている。即ち、権利条約において、「職場において合

理的配慮が障害者に提供されること」(第27条)、さらに、ILO第159号条約の「障害者である労働者と他の労働者との間の機会及び待遇の実効的な均衡を図るための積極的措置は、他の労働者を差別するものとはみなしてはならない。」(第5条)という視点からすれば、精神障害者への企業の対応は、不十分であることを強く指摘したものである。短い文章ではあるが実に正鵠を射たものとして、関係者は、肝に命じなければならない。

また、ジョブ・コーチによる支援体制が整いつつあるものの、現実の場面では、なかなか制度利用が難しいことも指摘している。これは、労働行政におけるサービスは、どの様なものであれ、雇用の成立によって、サービスは終了するとの考えを基本としていることに起因する。しかし、精神障害者をはじめとして、特定の障害者には継続的な支援が必要とされる場合もあることから、それが担保されて、はじめて『ディーセント・ワーク』を享受できることを忘れてはならない。

(2) 雇用率制度・納付金制度の問題点

『ディーセント・ワーク』の一番目の要件である「働く機会があること」に関してみれば、雇用促進施策の充実によって、雇用の機会は、量的に拡大されたと評価はできる。また、一般雇用については、労働関係法制が適用され、『ディーセント・ワーク』の成立要件である労働三権も認められている。しかし、障害当事者の意見からみる限りは、能力・適性に応じた職業選択ができているとは言えず、雇用されたとしても、そこに働く障害者は、"お客様的存在"であり、その持てる能力を十分に発揮できる様に環境条件が整えられているとは言えない。

また、その能力が正しく評価され、それに相応しい処遇を受けているとは言えない。この点、特例子会社にあっては、この要件を満たした安定的な雇用の場であるかもしれないが、それ以外の選択肢がないということであれば、機会の公平・均等の視点からすれば問題であろう。

ところで、障害者雇用促進法においては、「すべて事業主は、社会連帯の

理念に基づき、適当な雇用の場を与える共同の責務を有する」ものとし、「進んで障害者雇入れに努めなければならない」(第37条)との理念規定を受けて、「事業主は、雇用関係の変動がある場合には、その雇用する身体障害者又は知的障害者である労働者の数が、その雇用する労働者の数に障害者雇用率を乗じて得た数以上であるようにしなければならない」(第43条)として、障害者の雇用を法的に義務づけているに過ぎない。

　この様な考え方を基礎とする雇用率制度(納付金制度を含む)は、障害者雇用を量的拡大の上においては機能してはいるが、労働生活の質の向上へのインセンティヴとは、必ずしもなっていない。その結果として、障害者当事者が上記に指摘する処遇・教育訓練・昇進など広範な不利益・差別、障害に配慮した労働環境の未整備という問題を生み出している。一方、納付金制度は、合理的配慮に必要とされる経費負担に耐えられるだけの安定的な財源ではないことから、各企業における合理的配慮の実施を確実に担保するものではない。

　一般労働市場においても、急速に進行する規制緩和によって、非正規雇用、ワーキング・プアーの増加などの深刻な問題が指摘されている。これらの状況は、障害者の労働市場と労働環境にも大きな影響を及ぼすと考えられることから、働くすべての障害者が『ディーセント・ワーク』を享受できるよう労働の権利保障の視点から、雇用率制度・納付金制度の在り方(廃止することも含めて)の見直しが必要となる。

2　福祉的就労における問題
(1)　『ディーセント・ワーク』にはほど遠い福祉的就労

　福祉的就労に関しては、『ディーセント・ワーク』の視点からすれば、さらに問題は大きい。福祉的就労を、『ディーセント・ワーク』の成立要件である働く機会とみなすとしても、(1)持続可能な生計に足る収入が得られるという状況にはほど遠いこと、(2)持続可能な生計に足る収入が得られなければ、自立した家庭生活と職業生活の両立は望むべくもないこと、(3)労働

関係法制の適用はなく、働く上での権利が保障されていないこと、(4) 福祉的就労の現場では、障害当事者は、常に指導を受ける立場にあり、職場で発言が行いやすく、それが認められる実情にはないこと、(5) さらに、安全な職場環境や雇用保険、医療・年金制度などのセイフティ・ネットが確保され、自己の鍛錬もできるなどの要件は満たされていないこと、(6) 福祉の対象者であるが故に、公正な扱い、男女平等な扱いを受けるといったこともないことなど、福祉的就労の現実は、ILOの目指す『ディーセント・ワーク』の諸要件を満たしているという状況にはほど遠いものがある。

しかも、「障害が重度である」「一般雇用は難しい、あるいは一般雇用に馴染まない」などの理由によって、福祉的就労の存在を、「やむを得ないもの」「ごく当たり前のもの」として、長きにわたり温存してきた。

福祉的「就労」と表現されることから、一見、働いているかのように思われるが、その現実をみれば、「失業状態」にあるとも言えよう。「失業状態」と捉えることによって、はじめて、ことの深刻さを正しく認識することができる。

福祉的就労における障害当事者の無権利状態（しかも、永きにわたり放置されてきたこと）を、漫然と、継続させることがあってはならない。

(2) 労働基準法の適用を巡る問題

福祉的就労は、自立支援法によって、新たな政策体系に組み込まれたものの、サービスを受ける障害当事者は、「労働者」とは認められず、労働関係法制にも守られることもなく、依然として、福祉の枠組みに閉じ込められている。ILO審査委員会が、この問題に高い関心を寄せるのは当然のことである。

厚生労働省は、(1) 自立支援法に基づく就労継続支援事業を実施している施設以外の、いわゆる小規模作業所等においても、労働基準法第9条の労働者に当たるか否かについての疑義が生じていること、(2) 昭和26年当時と異なり、福祉の場における障害者の就労実態が大きく変化し、昭和26年通

第4章　ILOの提言する『ディーセント・ワーク』の視点からみた我が国の障害者施策の問題

達を適用する意義が失われていることを理由として、平成19（2007）年5月に、「授産施設、小規模作業所等において作業に従事する障害者に対する労働基準法第9条の適用について（厚生労働省から各都道府労働局長あて通達・平成19（2007）年5月17日付け・基発第0517002号）（以下、「平成19年通達」という）を発し、昭和26年通達は、本通達をもって廃止することとし、今後は、平成19年通達に基づき判断するとした。

　平成19年通達のポイントは、授産施設、小規模作業所等において行われる作業について、(1)訓練計画等が策定されている場合と、(2)そうでない場合を明確に区分し、労働法基準法に適用の在り方について整理していることにある。

1）　訓練計画等が策定されている場合

　まず、「訓練等の計画が策定され、それに基づいて作業に従事する」場合にあっては、(1)小規模作業所等において行われる作業が訓練等を目的とするものであることが定款などの定めにおいて明らかであり、(2)当該目的に沿って訓練等の計画が策定され、(3)小規模作業所などにおいて作業に従事する障害者又は保護者との間の契約などにおいて、これらの訓練等に従事することの合意が明らかであって、(4)作業実態が訓練等の計画に沿ったものである場合には、即ち、明らかに訓練の一環であると認められる場合には、当該作業に従事する障害者は、労働基準法第9条の労働者ではないものとして取り扱うこととされている。

　訓練の対象者であれば、労働者性は否定され、労働基準法上の労働者ではないとすることは、当然に理解できる（例えば、スウェーデン、オランダなどでは、訓練期間中の障害者には、労働法を適用しないという扱いがなされている）。

　しかし、訓練等の計画が策定されていない場合であっても、そこにおいては、作業が継続的に行われること、作業の場への通勤が日常的に行われる実態を勘案すれば、問題なしとは言えない。

これに関し、松井亮輔は、「この通達では、小規模作業所等における訓練機能が強調され、それを根拠に利用者の労働者性が否定されているが、訓練による能力向上の効果が期待できる期間は精々2年（現に、就労移行支援事業では訓練期間は、原則として2年とされる。）であり、それ以上にわたる期間まで訓練とするには無理がある。つまり、一定期間以上にわたった授産施設などを利用している障害者（実際には、授産施設など利用者の約4分の3は、在所期間3年以上の者で占められている。）については、そこを訓練でなく、就労の場と位置づけ、労働者に準じた処遇ができるような条件整備がなされるべきであろう。」（注3）と指摘する。

　ここに指摘される様に、明らかに「訓練等の計画が策定され」、それに従って訓練が行われるとしても、それが、訓練の効果を上げられる期間を過ぎても、なお継続していることが常態としてあるならば、それは、もはや、「訓練」ではない。訓練という名を借りた就労（労働）であり、それを訓練と強弁することは適切ではない。本来、労働基準法を適用すべき就労（労働）にありながら、これを適用しないとすれば、上述の通達の趣旨からすれば問題となる。平成19年通達は、一括して労働関係法制の対象とは認めないとした昭和26年通達を廃止したという点では大いに評価できるが、福祉的就労の実態には、必ずしも、的確に対応していないという問題を指摘できる。また、平成19年通達の運用にあたっては、十分に注意しなければならない点である。

2）　訓練等の計画が策定されていない場合
　一方、「訓練等の計画が策定されていない場合」にあって、小規模作業所などにおいて作業に従事する障害者については、(1) 所定の作業時間内であっても受注量の増加などに応じて、能率を上げるため作業が強制されていること、(2) 作業時間の延長や、作業日以外の日における作業指示があること、(3) 欠勤、遅刻・早退に対する工賃の減額制裁があること、(4) 作業量の割当、作業時間の指定、作業の遂行に関する指導命令違反に対する工賃の

第4章 ILO の提言する『ディーセント・ワーク』の視点からみた我が国の障害者施策の問題

減額や作業品割当の停止などの制裁があること、のいずれかに該当するか否かを、個別の事案ごとに作業実態を総合的に判断し、使用従属関係下にあると認められる場合には、労働基準法第9条の労働者であるものとして取り扱うとされている。

ここで重要なことは、「個別の事案ごとに」と規定されていることであり、一括して、労働関係法制の適用を判断すべきものでないことを明らかにされたことである。

(3) 適用されるべき労働関係法制の範囲

適用されるべき労働関係法制としては、最低賃金法（昭和34（1959）年）、労働安全衛生法（昭和47（1972）年）、パートタイマー労働法（昭和58（1983）年）、労働者災害補償保険法（昭和22（1947）年）及び労働組合法（昭和24（1949）年）といった法制が考えられよう。しかし、この様な労働者保護に係わる法制に止まってはならない。さらに、雇用保険法、健康保険法、厚生年金法といった、いわゆるセイフティ・ネットとなる関係法制の適用をも視野に入れなければならないことを強調しておきたい（この場合、ドイツの例の様に、社会保険の加入を義務づけ、保険料は、国庫負担とするなどの方策も検討しなければならない）。

平成19年通達が発出されたことから、今後、労働関係法制の適用を巡っての議論が深まると思われる。しかし、福祉的就労の実態は、実に様々であり、極めて、一般雇用に近いものもあろうし、その反対に、生きがい的なもの（デイアクティビティセンター：作業活動支援部門を除く）もあろう。これを勘案すれば、すべての福祉的就労に従事する障害当事者を「労働者とはみなせない」、仮に、みなすに当たっても、労働関係法制の部分的な適用に止めるべきではないかという指摘も、あながち否定はできないかもしれない。しかし、一般雇用に関しては、障害に応じた改善措置が奨励され、それが追加的経費の負担を求めることから、納付金制度に基づく助成措置をはじめ多様な支援策が講じられてきている（それらの措置が十分であるか否かと

いう問題はあるとしても）が、一方の福祉的就労施策についてみるならば、これまでの施策において、

（1）生計を営むに相応しい賃金が得られように、良質の付加価値の高い仕事の開発・確保努力がなされてきたのか、

（2）仕事を効率的に遂行するに必要不可欠な合理的配慮（作業環境の整備、作業を容易にする措置、人的な支援など）、

（3）個々の障害者の特性に応じた能力開発・向上のための措置が十分に行われてきたのか、

などを問うならば、必ずしも十分ではない。

福祉的就労の対象者が働くにあたって必要とする支援の程度を勘案すれば、その様な措置は、一般雇用以上に必要とされるにもかかわらず、これらの措置は極めて不十分であったと指摘せざるを得ない。

不十分な措置の結果として生じている問題にのみに着目して、「労働者とはみなせない」として、労働関係法規の適用を逡巡したり、限定的に適用することがあってはならない。

(注1) 労働三権：我が国では、日本国憲法第28条において、「勤労者の団結する権利及び団体交渉その他の団体行動をする権利は、これを保障する」と規定されている。
(注2) 河原正明：養護学校高等部卒業後、更生施設において、機能訓練・職業訓練を受ける。その後、自宅で和文タイピストを営み、22歳で第三セクター方式による特例子会社に就職、福祉施設用ソフト開発を担当。平成4（1992）年から知的障害者施設の事務長。当事者の視点から施設オンブズマンやサービス評価について研究。平成15（2003）年から障害者サービスの第三者評価の検討に参画、現在、播磨地域障害者サービス評価機構事務局長
(注3) 松井亮輔：「国際的動向からみた福祉的就労分野の課題と方向」（福祉的就労分野における労働法適用に関する研究会〜国際的動向を踏まえた福祉と雇用の積極的融合〜）平成21（2009）年11月：福祉的就労分野における労働法適用に関する研究会発行

第5章 『ディーセント・ワーク』実現への道筋
=すべての障害者が生きがいをもって働けるようにするためには=

既にみた様に、我が国においては、障害者の働く場は、一般雇用と福祉的就労という二元的な仕組みで構成され、それぞれに、施策の充実が図られてきた。

一般雇用については、労働関係法制の適用はあるものの、障害当事者に係る労働の権利保障の仕組みは弱く、労働生活の質の向上が十分に図られてきたとは言えない。一方の、福祉的就労にあっては、「働いている」にもかかわらず、一括して「労働者」とは認められず、労働関係法制や各種保険のセイフティ・ネットにも守られることなく、しかも、その状態は、長きにわたり続いてきた（自立支援法に基づく就労支援の仕組にあっても、問題は依然として温存されている）。

一般雇用・福祉的就労のいずれにあっても、障害者の権利条約及びILO条約といった国際的なスタンダードの視点からみれば、労働の権利保障の仕組みは極めて弱く、これに起因して起こる様々な問題が内在していることを指摘しなければならない。

今一度、原点に返って、これら条約の趣旨を踏まえて、真摯なる検討を深めなければならない。

第1節 「社会的事業所設置促進法」（仮称）の整備
～インクルーシヴな雇用の場の実現を目指して～

地域には、障害当事者のための様々な機能の社会資源（就労移行支援事業、就労継続支援A型及びB型事業、生産活動の機会を提供する生活介護事業、地域活動支援センター、小規模作業所など）があって良いが、少なくとも、「働く」ことを目指すものであれば、『ディーセント・ワーク』の要件を満たすことが不可欠となる。しかし、その一方で、障害者の就労の現実を

考えれば、『ディーセント・ワーク』の実現は、夢であって、現実は、それほど簡単ではないという意見もあろう。また、障がい者制度改革推進会議中間まとめ（第一次意見）の指摘する様に、福祉的就労について、「労働法規の適用も含め、雇用施策における位置付けを検討する」といっても、現実には、難しい課題がある（経営戦略能力の向上、生産性の向上、受注確保、能力の開発・向上、合理的配慮の実施など、さらなる投資も必要不可欠となる場合がある）ことも指摘されよう。しかし、労働関係が成立しているか否かについては、平成19年通達に基づいて、個別の事案ごとに作業実態を総合的に判断するとされたことから、個々の障害当事者の特性に応じた合理的配慮（ハード・ソフト両面にわたる）を確実に実施するならば、労働関係法制の適用が可能となる諸条件の整備はできるはずである。

既に、そのための道筋は示されている。第一次意見において言及されている地方公共団体における先進的な取り組み（滋賀県における社会的事業所の取り組みなど）が、福祉的就労の問題解決の上において有効な手段となる。

既に、就労合同作業チームは、「適切な就業の機会を確保するための試行事業（パイロット・スタディ）の実施」を提言しているが、先行的な社会的事業所の取り組みが、この問題解決の鍵と考えてのことであろう。

1 滋賀県における先行的な試み

滋賀県においては、従来の福祉施策の延長線上ではなく、福祉と労働の連携により、新たな就労の場を生み出していくことが重要との問題意識の下に検討を深め、平成12（2000）年度から、福祉的就労の一翼を担っている小規模作業所について、全従業員（障害者）の1/2以上と雇用契約を締結し、最低賃金を保障する「事業所型共同作業所制度」を創設し、これへの移行に努めてきた。この措置は、1/2以上という制約はあるものの、一括して、労働関係を適用しないという昭和26年通達への挑戦とみなすことができる。しかし、この要件を設けること自体、労働の権利保障の視点からすれば問題を残していた。

第 5 章 『ディーセント・ワーク』実現への道筋

　その後、滋賀県においては、平成 17（2005）年 2 月、「障害のある人もない人もともに同じ職場で普通に働いている社会こそあるべき姿」との認識に基づいて、「障害者の『働きたい』を応援する滋賀共同宣言」を発表した。宣言を実現するためには、「福祉は福祉、雇用は雇用という縦割りではなく、双方が一体的に支援を行うとともに、双方のすき間を埋める独自の制度を設け、障害者の『働きたい』を応援する必要がある」として、滋賀県は、「障害者の就労支援に関する検討委員会」（座長・近畿医療福祉大学（当時）・安井秀作）を発足させた。委員会の報告を受けて、これまでの事業所型共同作業所の枠組みを超えて、地域に根ざした一般雇用の場として、障害者全員と雇用契約を締結する新たな小規模事業所の仕組みとして、県独自の「社会的事業所」制度を創設した（図 1・注 1）。

1）　社会的事業所の特徴など
　社会的事業所の特徴は、（1）労働者性を認め、相応しい賃金を得られることを目指すこと、（2）障害のある人もない人も対等の立場にあること、（3）運営管理のための経費補助（障害従業員の能力開発・向上、支援のための人材配置、適正な事業運営と労働生活の質の向上への支援など）がなされる。
　最も特徴的なのは、「障害のある人もない人も対等の立場で一緒に働ける新しい職場形態の構築を進め、地域社会に根ざした障害者の就労（雇用）促進並びに社会的、経済的な自立を図ることを目的とする」（滋賀県社会的事業所設置運営要綱）とある様に、「障害のある人もない人も対等の立場にある」ことである。
　これまでの施策では、障害当事者は、あくまで福祉サービスの対象者（恩恵的にサービスを受ける客体に過ぎない）であって、それ以上のものでなかったが、社会的事業所にあっては、その様な在り方は否定されている。障害者という言葉は使われるとしても（対象者を規定する上での便宜上の表現に過ぎない）、他の従業員との関係は「対等」であり、重要なメンバーとして位置づけられている。従来の福祉サービスという枠組みから脱却するものと

図1 社会的事業所の位置づけ

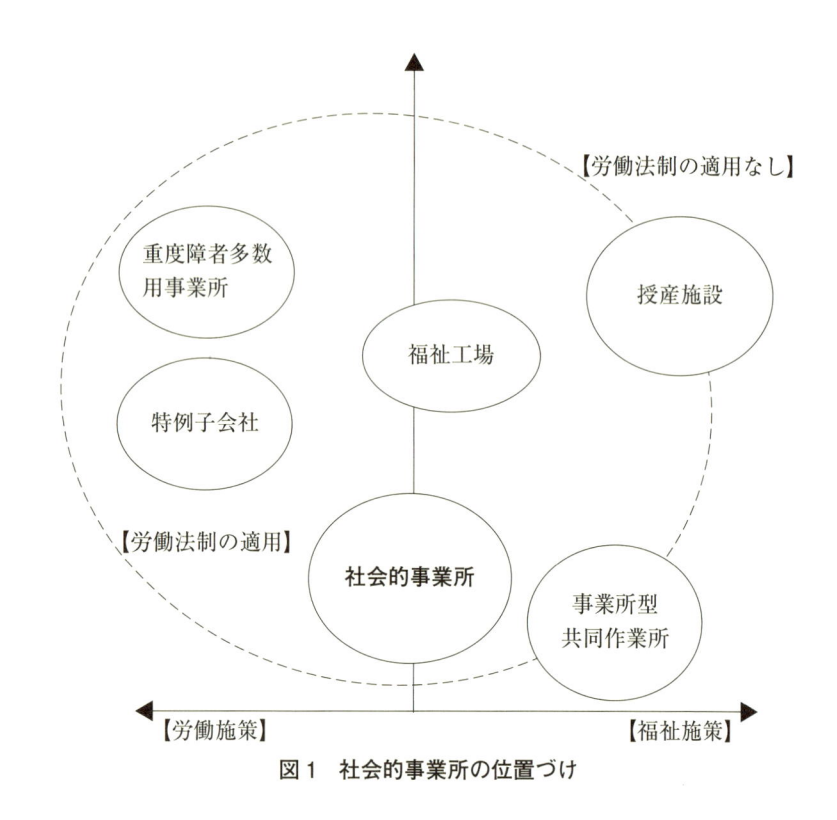

【労働法制の適用なし】
【労働法制の適用】
【労働施策】 【福祉施策】

重度障害者多数用事業所、特例子会社、福祉工場、授産施設、社会的事業所、事業所型共同作業所

して、大いに、評価することができる。働くということに関しては、対象となる者について、どの様な配慮が必要なのか、能力を伸ばすにはどうすれば良いかを考えるだけで足りる。障害の側面をみる必要は無い。単に、一緒に働く仲間であれば良い。通常のノーマルな職場では、それは、ごく当たり前のことである。

この考え方は、精神障害回復者の自助活動をベースに相互支援を重視するクラブハウス・モデル（注2）と繋がるものである。

検討委員会においては、社会的事業所の設置主体としては、障害従業員の労働条件の改善に繋がる利益を上げるためには、企業的な経営戦略・努力が求められることから、株式会社などの営利法人といった多様な組織形態とす

第5章 『ディーセント・ワーク』実現への道筋

ることが望ましいとの意見もあった。しかし、制度上の様々な整備も必要とされることから、当面の措置として、従来型の運営主体であるNPO法人、社会福祉法人及びこれに準ずる団体又は社団法人とされた。

2) 社会的事業所設立の要件

社会的事業所設立の要件としては、次に掲げるすべてに該当することが求められる（注3）。

（1）障害者従業員が5名以上20名未満でかつ、雇用割合が50％以上（実人数算定）であること。

（2）障害者従業員が就労を継続し、維持できる様に支援する機能を有していること。

（3）社会的事業所内外において、障害者理解などの啓発活動を行っていること。

（4）社会的事業所の経営の意思決定に障害者従業員が参画していること。

（5）従業員全員と雇用契約を締結していること。

（6）労働保険（労働者災害補償保険、雇用保険）の適用事業所であること。

（7）事業所としての経営方針、経営計画が適切であるとともに、利益を上げるための経営努力がなされていること。

福祉的就労に関して、労働関係法制が適用されていないことが問題であったが、社会的事業所にあっては、従業員全員との雇用契約を求め、労働保険の適用を求めていることは重要である。

この措置によって、社会的事業所に働く障害者は、労働基準法上の労働者として扱われ、労働関係法制をはじめ、労働保険という最低限のセイフティ・ネットに守られることとなるので、安心して働くことができる。仮にも、極めて低い工賃しか支給されていないなどの問題は、最低賃金法違反となる。したがって。少なくとも、これを上回る、生計を営むに相応しい賃金の支給が前提となる。その前提が成立していれば、継続的に働くことによって、将来の生活基盤をも安定的なものとしてくれる。

このように、旧態然とした福祉的就労の仕組みからの脱却が図られているが、「障害のある人もない人もともに同じ職場で普通に働いている社会こそあるべき姿」とする共同宣言の政策目標からすれば、社会的事業所の創設は、当然の帰結である。

社会的事業所が、営利のみを目的として、単なるビジネスとして運営されるものであれば、「障害者理解などの啓発活動を行っていること」を要件の一つとする必要は無い。しかし、現状においては、障害者の権利条約が求める様に、「労働市場及び労働環境が、障害者に開放され、障害者を受け入れる」レベルになるためには、さらなる努力が必要とされることも否定できない。

これを勘案すれば、社会的事業所が、地域における障害者雇用に係わる啓発の役割を担うことも、当面の責務として考える必要がある。抽象的な啓発活動ではなく、雇用の現場をみせながらの啓発活用は、地域社会の人々の意識改革に大きな役割を果たす。

その様な責務は、社会的事業所が、広く地域社会に受け入れられ、地域社会そのものが、障害者をはじめ、働くことに関して様々な困難を抱えた人々を包み込む様に成熟するための過程と考えられる。

しかし、これも、過渡的なものであって欲しい。

3) 社会的事業所への助成

社会的事業所の設立要件として、「経営方針、経営計画が適切であること」、かつ、「利益を上げるための経営努力」が規定されている。即ち、そこにおいて働く障害者が、最低賃金を下回ることのないレベルの収入を得られる様に、厳しい市場経済の中にあっても通用する商品力、販売力、企画力を持つことが求められる。経営に携わる者については、企業感覚が求められ、職員自身も、企業マインドが強く求められる。

その一方において、障害者が、働こうとする意欲に応じて、働きやすい環境を創り出し（合理的配慮）、技術レベルを高め（主として、OJT訓練によ

第5章 『ディーセント・ワーク』実現への道筋

る)、必要に応じ、人的な支援体制を整備することも求められる。

　社会的事業所に求められる、(1) 利益を上げるための経営努力、その一方において、(2) 障害者雇用に伴って不可避的に求められる追加的な経費負担、この相反する困難な課題の同時解決は、決して、容易なものではない。

　このため、社会的事業所には、運営費・管理費その他の助成措置が講じられている（注4）。この様な助成措置は、「継続的な支援措置」とも言うことができるものであり、社会的事業所の最大の特徴と言える。

　なお、滋賀県の助成金交付要綱においては規定されていないが、最賃以上の賃金の支給がなされるとしても、賃金の実質的な目減りを避けるため、労働保険及び社会保険の個人負担分相当額を補助するなどの措置も考えられる。

4) 社会的事業所を支援する仕組み

　社会的事業所の設置促進とその経営的安定を図るためには、「継続的な支援措置」だけで十分かと言えば、そうではない。都道府県として、また、社会的事業所の設置された地元市町村においても、それぞれの役割・責務に応じ、これを側面的に支援するための施策の充実が求められる。

　このため、滋賀県においては、滋賀県ナイスハート物品購入制度（障害者雇用促進事業者・授産施設等からの物品調達優遇制度）（注5）を導入するとともに、市レベルにおいても、「共同（働）作業所等用地等賃借料補助金制度」（注6）が設けられるなど、地域全体で、社会的事業所の設置促進とその安定的な運営のための支援が行われている。社会的事業所自身も、地域社会に包み込まれるような存在でなければならない。

　このように、障害者の就労（雇用）問題を国レベルの施策に任せることなく、都道府県及び地元市町村が、自らの責務として社会的事業所を側面的に支えようとする姿勢は、高く評価できる。それらの手法は、障害者の就労（雇用）問題を超えて、地域活性化施策にも活かすことが期待される。

5）　社会的事業所に期待される役割

　滋賀県においては、既に5カ所の社会的事業所が設置運営されている（社会福祉法人や就労事業団が設置主体となり、農作業、喫茶、リサイクル、印刷、清掃など多様な業種展開が行われている）が、この取り組みから、新たな課題も浮き彫りになってきた。

　ここでは、社会的事業所の設置から、今日まで、一貫して中心的な役割を担ってきた関係者の意見から、社会的事業所の新たな課題を探ることとしたい。

　まず、白杉滋朗は、「地方独自の制度として全国で展開されていた障害者作業所。各地での誕生のタイミングは少しずつ違うものの、おおよそ30年の歴史になる。……しかし、時がたつと、障害当事者や地域社会の作業所に対する要求水準も変遷してくるのは当然である。」とし、「しっかりしたトレーニングを受けて一般就労・地域移行を果たしたい」「人として生活できるだけの水準の就労収入を確保したい」とする障害者も生まれくると指摘する。

　「ところが、自立支援法施行後2年を経た今、障害者を取り巻く就労環境や日中活動の中身が特段改善されたとは言えない。つまり作業所・事業所の側の本質的な改革が、未だ達成されていない。我々はこの事を強く心に刻んでいかなければならない。」とし、障害者作業所の30年の発展過程を踏まえながら、新たに制定された自立支援法にあっても、「人として生活できるだけの水準の就労収入を確保したい」という本質的な問題に関しては、特段の改善がないことを強く指摘する。

　さらに、「共同連（差別とたたかう共同体全国連合）では、『指導する』、『指導される』といった社会福祉事業の限界性を乗り越えるには、『対等・平等な関係性で働きあうこと、仕事も儲けのお金も分け合うこと』が大切であると主張し、各地で『協働労働』の実践を進めてきた。そういった場を共同連では『共働事業所』」と呼び、他の障害者作業所と立場を峻別してきた。」とし、福祉事業の持つ、『指導し、指導される』という関係から、『対等・平

第5章 『ディーセント・ワーク』実現への道筋

等な関係性」を求めること、即ち、福祉からの脱却が強く求められると指摘する。

「ところが、この様な実践を継続していくうちに新たに事業活動の中で特筆すべきことが見いだされた。障害を持たないともに働くメンバーの中でいわゆる『就労困難者』と呼ばれる人達の比率が非常に高いことが判ったのである。シングルマザーや被差別部落出身者、在日外国人、難病、障害高齢者、介護を要する家庭人など…障害を理由に対等性を排除しない共働事業所は、様々な働きにくさを抱えた人々をも受け入れてきた。共同連ではこの様な取り組みを『社会的事業所』と呼び、その普及と地域の一般の事業所が様々な人と対等に働きあえる、こういった理念を吸収し、誰もが働き・生きやすい街が形成されることを願って活動を続けている。」(注7)と指摘し、社会的事業所が目指すべき新たな目標を明かにしている。

白杉滋朗の指摘する様に、障害者以外の就労困難者が、地域には少なからず存在していることを忘れてはならない。これまでの対策においては、対象者を「障害者」に限定し（しかも、非常に厳密に）、特別対策として発展させてきた。今日までの政策の発展過程においては、それはやむを得ないものであったが、今や、一般労働市場においても、就労困難者が多数存在していること、それどころか、今後、さらに増加すると想定すれば、白杉滋朗の指摘は、当然である。従って、社会的事業所の今後の在り方を検討するに当っては、これらを踏まえて制度設計することが重要となる。

また、中崎ひとみは、「現代の経済の仕組みの中では、一部の身体障害者を除いて重度の障害者比率が増えるほど生産性が低くなってしまう現実は否めない。しかし、今の自立支援法の就労継続事業はそれを求める無理な制度になってしまっている。」とし、自立支援法の施策が、経済の仕組みに相応したものではないと強く指摘し、「その解決の一つの方法として、ソーシャル・ファームという考え方がある。ソーシャル・インクルージョン（注8）の視点でもって、医学的なハンディキャップ（障害者や高齢者）と環境的なハンディキャップを持った就労困難者を包括してハンディキャッパーと考

え、一緒に働くという方法である。これによって、物理的な生産性の不足が補える。障害者というマイノリティーなカテゴリーから大きな枠組みになることによって、国民の賛同が得やすくなると考えられのではないだろうか？」と提言する。

そして、「私たちの施設では実際にそれを行っている。障害のある者は自分の力の範囲の中で精一杯働き、健康な高齢者は無理のない範囲で障害者の介助を行い、環境的なハンディの者は、仕事ができる時間の中で精一杯働き、それぞれのハンディを補完し合う『共働』を行っているのである。その結果、知的障害者が過半数を占めるのにもかかわらず、平均賃金が11万円／月支払えるようになっているのである。環境的な問題で、生活保護者が保護を打ち切って自立をしたり、保護額を減額したりすることも出来ている。」とし、「ソーシャル・ファームは、日本では『社会的事業所』又は『社会的協同組合』として紹介されているが、制度としては確立されていない。今後の新しい働き方として、この様な制度を国が確立し拡げていくことで、閉塞した制度から新しい未来が見えてくるのではなかろうか。」（注9）と指摘する。

中崎ひとみの指摘する様に、重度の障害者比率が増えるほど生産性が低くなることは否定できず、必要とされる合理的配慮のための投資も大きなものとなる。その様な中で、生計を営むに相応しい賃金の支給は、それ自体、困難な目標であることは否定できない。その様な場合、障害者以外の環境的な、あるいは、社会的な様々なハンディキャップを持った人たちの役割は大きい。これらの人たちとの協力関係から生まれる補完し合う関係、それを通じて得られる仕事のし易さは、生産性を高める上に大きく寄与する。それは、仕事を遂行する上だけではなく、職業生活全般の安定の上にも大きな効果をもたらす。この様な関係は、社会的事業所の今後を考える上で、重要な要素となる。

これを勘案すれば、「障害者というマイノリティーなカテゴリーから大きな枠組み」にしていくことも、新しい政策の選択肢となる。障害者対策＝特

別対策として、今後とも、従来路線の延長線上で考えて良いのか、極めて、根本的な問いかけとして、政策担当者は、その意味を理解しなければならない。

最後になったが、滋賀県の社会的事業所は、「障害者が5名以上20名未満、雇用割合が50％以上」であることを要件の一つとしている。しかし、中崎ひとみの指摘する様に「地域の就労困難者を包み込む大きな枠組み」で考えれば、障害者の雇用割合を「50％以上」と高く設定することについては、今後、見直すことも必要となろう。因みに、EU諸国のソーシャル・ファームにおいては、労働者のうち、労働市場で不利益を被っている人たちの割合は「25％以上」と低めに設定されている（後述）。

障害者の雇用割合をいたずらに高く設定することは、経営の上からも負担が大きくするだけではなく、そもそも、「障害のある人もない人もともに同じ職場で普通に働く」ノーマルな場として適切なのかという問題に繋がることを忘れてはならない（特例子会社を巡っても同様の問題が指摘される）。

2 EU諸国におけるソーシャル・ファームの取り組み

中崎ひとみが言及する「ソーシャル・ファーム」は、主としてEU諸国において、取り組まれてきたものである。

私たちの社会には、常に、貧困の問題があり、社会的排除という問題が指摘される。この問題を解決するための手段が、「ソーシャル・エンタープライズ」と言われるものである。具体的には、ビジネス的手法によって、(1)より良い雇用の実現を通じて、妥当な（市場の相場にあった）所得の保障しようとすること、それによって、(2)自立に当たっての様々な困難を持つ人たちを社会に包み込もうとする、いわゆるソーシャル・インクルージョンの実現を目指すものであり、(3)現代社会が不可避的に抱える社会的課題への革新的な取り組として位置づけられる。この様な取り組みの中でも、労働市場で不利益を被っている人たち（障害者その他）の問題を解消することに重点をおいたものが、「ソーシャル・フアーム」と呼ばれる。

この起源は、イタリアの医療改革にあり、精神病院の閉鎖に伴って、そこにいた精神障害者はコミュニティに戻ったものの、仕事に就くことが難しかったことから、精神障害者と市民が協同して仕事に従事するための場を生みだそうとした取り組みに始まる。ソーシャル・ファームは、職業リハビリテーションの延長線上に創設されたものであり、従来の福祉的就労と一般雇用の間に位置づけられる（図2）。その後、この手法は、EU諸国の政策に取り入れられていった。ソーシャル・ファームは、(1) 障害者その他の労働市場において不利な立場にある人々のために、(2) ビジネスを生みだし、良質の雇用の場を創出しようとするもので、(3) ビジネスによって得られた利益に関しては、社会的使命として、障害者その他の者のために、より良い雇用を拡大するために再投資することが義務づけられている（通常の企業のように、利潤を最大限に求める株主のニーズを満たすために使われてはならない）。

　また、そこに働く労働者（障害者その他）は、(1) 有意義な仕事の機会を与えられ、(2) 市場の相場にあった賃金を得られる、(3) ニーズに応じた必

職業リハビリテーションの延長として創設され、市場の相場にあった賃金を得られるように仕事を提供する（従来の保護雇用の発想からの脱却）

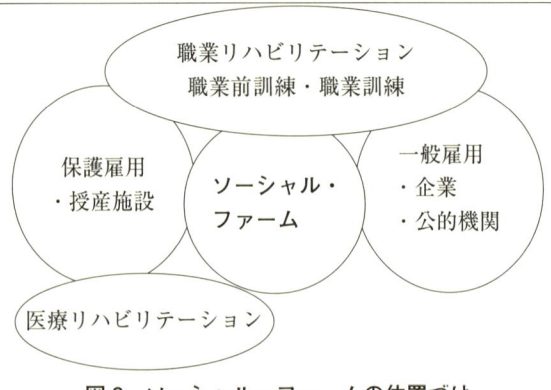

図2　ソーシャル・ファームの位置づけ

要な支援・訓練などを通じて、持てる能力を最大限に引き出す努力がなされ、(4) すべての従業員は、同じ権利と義務を持つといった、極めて明確な目標が設定されていることが特徴として上げられる。

ILO 第 99 号勧告 32(1) において、「雇用市場における通常の競争に耐えられない障害者のために、保護された状態の下で行われる訓練及び雇用のための施設を設けかつ発展させる措置を執るべきである。」と規定されていることから、世界各国では、「保護雇用」を制度化してきた。そして、同勧告の 35 において、「賃金及び雇用条件に関する法規が労働者に対して一般的に適用される場合には、その法規は、保護雇用下にある障害者にも適用すべき」と規定されていることから、労働関係法制を適用する国は少なくない（注 10）ものの、その現実は、「満足度の低い仕事」、かつ、「見返りの少ない仕事」に従事するという側面を否定できないものであった。

保護雇用と雖も、労働関係法制を適用する国は少なくない中で、我が国の福祉的就労については、一貫して、労働関係法制の適用は認められず、あくまでも、福祉の枠組みの中で考えられてきた。

この結果生じている最大の問題は、障害当事者が必死に努力し、継続的に働いたとしても、生計を営むにはほど遠い工賃しか得られないことである。平均工賃 1 万 2 千円／月額では、将来のより豊かな生活を実現するための基盤とはなり得ない。「普通のくらし」を「普通にしたい」と思っている障害当事者の想いすら実現できるものではない。

ソーシャル・ファームの目指すものは、これまでの仕組みを抜本的に改善しようとするもので、最大の特徴は、より良い雇用の場（そこにおいては、やり甲斐のある仕事があって、市場の相場にあった賃金が支給される）を提供するという社会的使命を、ビジネス的手法によって実現しようとするもので、従来の福祉の枠組みから脱却したものとして高く評価できる。

しかし、現実の問題として、労働市場において不利な立場にある障害者その他の者については、その多くが、雇用の成立・維持・向上の過程において継続的な支援が必要とされ、一定の追加的負担があることは否定できず、ビ

ジネス的な手法によって営業利益を上げつつ、これらの人たちの安定的な雇用の実現という社会的使命を達成することは、決して、容易なものではない。

このため、ソーシャル・フアームには、(1) ビジネスコンサルティングを受けるための補助の他、(2) 投資補助金、(3) 賃金支払いに関する財政支援、(4) 障害者の低い生産性の補償、(5) 税制上の優遇などの支援策が講じられている。

これらの措置は、滋賀県の社会的事業所に対する補助措置と同様に、「継続的な支援措置」と言えるもので、我が国において、社会的事業所制度を創設するに当たっては、この様な支援措置の導入が当然に求められる。

3 「社会的事業所設置促進法」(仮称) の骨子

社会的事業所の設置促進には、その設置と安定的な運営を支援するための特別法として、「社会的事業所設置促進法」(仮称) の制定が必要不可欠となる。因みに滋賀県の先行的な経験と EU 諸国におけるソーシャル・フアームの経験に学びつつ、その骨子を示せば、次の様なものとなる。

(1) 目的

この法律の目的として、「社会的事業所の設置促進及び運営の安定を図るための必要な措置を講じ、一般労働市場において不利な立場にある者(障害当事者その他)の社会的・経済的自立を促進し、もって、その社会的統合と労働生活の質の向上に寄与することを目的とする。」といった規定を盛り込むことが必要とされる。

(2) 社会的事業所の定義

社会的事業所の定義としては、「労働市場において、不利な立場にある者に対して、適切な雇用の機会を提供するとともに、その活動を通じて、地域社会の発展に寄与するもので、別途定めるところにより認証を受けなければ

第 5 章　『ディーセント・ワーク』実現への道筋

ならない。」といった規定が必要とされる。

　ここにいう「雇用」とは、「一般雇用」の意味であって、当然のことながら、労働関係法制が全面的に適用されなければならない。この場合、セイフティ・ネットとして機能する社会保険及び労働保険関係法制の適用も当然のこととされる。

　なお、社会的事業所に働く者については、労働基準法上の労働者となるが、仮にも、疑義を生ずる場合には、平成19年通達に基づき、指揮監督下の労働であるか否かについて個別的に判断されることとなる。社会的事業所に働くことをもって一括して、労働関係法制を適用しないとか、部分的にしか適用しないということがあってはならない。

(3)　社会的事業所対象者の定義と判断
1)　社会的事業所対象者の定義
　社会的事業所は、労働市場において、不利な立場にある者の雇用を目指すものであるが、そのためには、その対象者を具体的に規定しておく必要がある。

　ここでは、社会的事業所の対象者とは、「一般労働市場及び労働環境において、雇用の成立・維持・向上の過程で、次に掲げる理由による困難を有する者（支援を要する者と言い換えることもできる）とする。」と定義しておく。

（1）職業リハビリテーションのサービスを含む総合的なリハビリテーションのサービスを必要とされること
（2）合理的配慮（ハード・ソフト両面にわたる）を必要とされること
（3）能力の開発と向上を必要とされること
（4）作業の遂行に当たって人的支援が必要とされること（必要に応じ継続的に実施）
（5）生活上の支援が必要とされること（必要に応じ継続的に実施）
　ここで、「(5) 生活上の支援が必要とされること」と規定したが、これは、

(1) 障害当事者が地域で生活していくためには、支援が必要とされることがあること、さらには、(2) 地域社会には、シングルマザー、在日外国人、難病者、障害高齢者、介護を要する高齢者などを抱えた人など、いわゆる「就職困難者」が多数存在することが把握されたことに対応するもので、これらの者については、合理的配慮は必要とされないものの、「生活上の支援」が必要とされるものと捉え、社会的事業所の雇用対象とした。

2) 対象者の個別判断

　次に、社会的事業所の対象とすべきか否かを個別的に判断する仕組みが必要となる。「社会的事業所設置促進法」(仮称) の基本的な性格からすれば、障害当事者を含む様々な就労困難者が、ここで働くことを希望するであろうし、リハビリテーション関係施設や職業安定機関は、一般雇用へ挑戦したものの結局は、雇用の場を得られなかった障害当事者を送り込もうとすることが想定される。それらを漫然と受け入れるならば、社会的事業所は、多様なニーズを持つ人々が混在してしまう。

　ILO審査委員会は、日本政府の、「A型においては雇用関係が成立し、一方のB型においては雇用関係が成立しない」という就労継続支援事業に関して、「雇用関係に基づく就労と他の就労との間の区別が実際にはどのようになされるのか解明することができない。」と問題を提起している。

　より良いサービスを提供し、本来の政策目的を達成するためには、多様な対象者の混在は、好ましいものではない(いたずらに均一的な対象者のみを集めるという趣旨ではない)。その意味で、審査委員会の指摘は、もっともなものであり、それは、社会的事業所の対象者をどの様に選別するかという問題へと繋がる。

　既に、「障害程度区分」の廃止は決定されたので、今後、支援の必要性の程度を基本とした客観的な基準が作成されると思われる。従って、社会的事業所の対象者は、この支援の程度のレベルが比較的高いものが対象となると想定される(客観的基準については、「総合リハビリテーション法」(仮称)

において詳述)。

　しかし、社会的事業所は、(1) 地域おける雇用の受け皿ではあるが、同時に、ソーシャル・フアームが、(2) 職業リハビリテーションの延長として創設されたという性格をも勘案すれば、社会的事業所の対象者（主として、障害当事者）とするか否かの判断は、支援の必要性の程度を基礎としつつ、最終的には、「地域リハビリテーションセンター」（仮称）（詳細は、後述）の専門的な判断に委ねることが適切と考えられる。この場合、従来のような各種の心理テストなどによるのではなく、実際の職場での仕事の遂行の状況、訓練による技能習得の見込み、雇用の成立・維持・向上の過程における支援の程度を総合的に判断して、対象とするか否かを決定することが求められる。この判断は、「できない」（マイナス）評価ではなく、「できること」（プラス）評価であって、かつ、個々の障害当事者の潜在的な可能性を十分に勘案したものでなければならないので、一定期間、試行的に職務を遂行する過程の観察などが極めて重要となる。

　総合的・最終的な判断は、障害当事者は勿論、企業関係者、特別支援教育関係者などの参画を得て、「審査委員会方式」によって行うことも必要となろう（障害程度区分の判断において、コンピュータによる一次判定を基礎として、審査会で審議されるといった仕組みが参考となろう）。

　これによって、社会的事業所に働く障害当事者は、比較的均一の集団となり、必要な措置（例えば、最賃との格差を賃金補填するなどの措置）を講ずるならば、労働の権利保障の基盤となる労働関係法制及び社会保険・労働保険などの全面的な適用が可能となる（仮に、障害当事者による保険料負担が難しい場合には、個人負担分を助成することも想定しなければならない）。

　対象者の幅を明確にすることは、切り捨てや排除に繋がるとの指摘もあろう。しかし、これは、個々の障害当事者のニーズに合致するサービスを提供するための手段であって、対象者の選考の過程において、より適切な判断システムを前提とするならば、障害当事者を排除するものではない。従来の福祉的就労において、対象者の多様性故に、ともすれば、下位のレベルにある

人たちに焦点が当てられ、結果として、能力のある人たちの力が発揮できず、働きがいを持てなかったことを反省材料としなければならない。

なお、社会的事業所の対象者のうち、障害当事者以外の者については、特段の障害はないことから、「地域リハビリテーションセンター」（仮称）による個別的な判断に委ねても良いと考えられる。この場合、中崎ひとみの指摘する様に、障害当事者との間に、「協力関係が成立する」か否かが重要な判断のポイントとなる。

とすれば、「地域リハビリテーションセンター」（仮称）の専門職は、障害に関する専門的知識を持つことは当然であるが、広く、「障害のある人もない人も、共に同じ職場で普通に働いている」実際の雇用場面を知っておくことが求められる。

(4) 国、地方自治体、社会的事業所の責務

社会的事業所設置促進のためには、まず、国の責務として、「社会的事業所設置促進に関する基本計画」（基本計画）を策定し、必要な施策の総合的な推進を図ることが重要となる。これを受けて、地方公共団体は、それぞれの地域の特性に応じた、社会的事業所の設置促進と維持を図るための施策の遂行を実施する責務があることが規定されなければならない。

社会的事業所については、既にみた様に、雇用対策のみによって、その設置促進と維持ができるものではなく、当該社会的事業所が設置される地域レベルの教育、福祉、住宅、環境、交通などの諸対策と相まって、はじめて可能となる。この意味で、地方公共団体の役割には大きいものがある。その責務を果たしながら、それぞれの地域の特性を最大限に活かした雇用の場としての社会的事業所の設置促進が強く求められる。

一方、社会的事業所は、営業活動によって得られた利益については、新たな社会的事業所の設置促進とその維持、そこに雇用されている人たちの労働生活の質の向上に再投資することを義務づける必要がある。

この規定は、社会的事業所は「ビジネスモデル」としてあるが、利益のみ

第5章　『ディーセント・ワーク』実現への道筋

を追求するものであってはならず、社会的事業所の設置拡大（対象者の雇用機会の拡大促進）とともに、そこでの労働が、『ディーセント・ワーク』の要件を満たすことを担保するためである。

　以上の規定に従って、国、地方公共団体、社会的事業所は、それぞれの責務を遂行することとなる。その場合、最も重要なことは、それぞれの責務の遂行が、跛行的なものであってはならないことである。

(5)　**社会的事業所設置促進に関する国の基本計画の策定**
　厚生労働大臣が策定すべき「基本計画」は、5年ごとに策定しなければならないものとし、次の様な内容を含めることを求めるものとする。
（1）社会的事業所の設置促進及び運営に関する事項
（2）社会的事業所に対する支援策に関する事項
（3）社会的事業所における合理的配慮（ハード・ソフト両面）に関する事項
（4）社会的事業所の環境整備に関する事項
（5）社会的事業所における公正かつ良好な労働条件に関する事項
（6）社会的事業所に対する運営支援に関する事項
（7）その他、厚生労働大臣が必要と認める事項
　地域社会は、大きく変化している。地域社会と密接な連携の下に設置・運営される社会的事業所もこれらの変化と無縁ではない。また、権利条約前文（e）にあるように、「障害が、発展する概念であり……」ということも忘れてはならない。
　このため、基本計画は、定期的な見直しが求められるのは当然である。

(6)　**「社会的事業所設置審議会」の設置**
　厚生労働大臣は、「社会的事業所設置審議会」（審議会）を設置しなければならないこととし、審議会においては、次の内容について審議することが規定されなければならない。

(1) 社会的事業所の在り方に関する事項
(2) 社会的事業所の認証の要件に関する事項
(3) 社会的事業所の審査基準に関する事項
(4) その他、厚生労働大臣が必要と認める事項

(7) 社会的事業所設置促進に関する都道府県計画の策定

　国の基本計画を受けて、それぞれに地域の特性に応じた、「都道府県社会的事業所設置推進に関する基本計画」（地方計画）の策定を義務づけるものとする。

　国の「基本計画」は、5年ごとに策定しなければならないものとされていることから、地方計画についても、同様となる。

　この場合、社会的事業所は、原則として、福祉圏域を一つの単位として設置することを明らかにするものとし、地方計画には、次の様な内容を含めることを求めるものとする。

(1) 社会的事業所の設置・育成方針に関する事項
(2) 関係施策との連携に関する事項
(3) 合理的配慮及び継続的な補助措置に関する事項
(4) 地域の社会資源との連携に関する事項
(5) その他、都道府県知事が必要と認める事項

　地方計画には、それぞれの都道府県の特性に応じた社会的事業所の設置・育成方針に関する事項を明らかにすることが求められる。併せて、社会的事業所における合理的配慮の在り方、さらには、労働生活の質の向上に必要不可欠な継続的な補助措置の在り方、その範囲・程度などの基本的事項についても盛り込むことが必要となる。

　また、障害者の雇用の成立・維持・向上の過程においては、職場での労働場面での問題解決に止まらず、公共交通機関や施設などのバリア・フリー化をはじめ、住宅、教育、権利擁護など、地域における様々な対策が、同時並行的に進められなければならないことに着目し、「地域の社会資源との連携」

第5章 『ディーセント・ワーク』実現への道筋

を規定した。

　従来の様に、雇用施策と福祉施策の連携に止まることなく、それを超えて、関係の施策が融合的な協力関係を生みだし、地域全体で、社会的事業所を支えていくために知恵を結集させることに主眼を置いている。

　さらに、地方計画策定の過程おいても、障害当事者の参加が重要となる。「Nothing About Us Without Us!」（私たちを抜きに私たちのことを決めるな！」という基本原則が守られず、「計り知れないマイナス」をもたらしたことを忘れてはならない。

(8)　「社会的事業所経営戦略会議」の設置

　社会的事業所の設置される福祉圏域ごとに、社会的事業所経営戦略会議（戦略会議）の設置を義務づけるものとする。因みに、戦略会議においては、次の様な事項について、技術的な支援を行うものとする。

(1) 経営に関すること
(2) 会計に関すること
(3) 税務に関すること
(4) 労務に関すること
(5) その他、必要と認められること

　具体的な内容としては、(1) ビジネスモデルとして位置づけられる社会的事業所の安定的な経営を可能とする業務内容（市場経済の中で通用する商品力、販売力、企画力を基礎とし、地域密着が強く求められる）、(2) それを基本とした企業経営戦略（障害者施設で制作したとのレッテルを貼るなどの戦略は、あってはならない）、(3) これを担う人材養成（利益を上げる企業としてのマインドを共有する）、(4) 地域の関連企業との連携などが中心的なテーマとなる。

　障害者雇用を主体としたものとは雖も、その戦略は、特別なものであってはならない。社会的事業所の運営に係るすべての事項に関し、ノーマルを基本とすることが、従来の福祉的就労の抱えてきた問題と決別する第一歩とな

る。しかし、戦略の決定と実施に当たっては、(1) 障害従業員が無理なく、安心して働けるような合理的配慮、(2) スキルの向上支援（主として、OJT 訓練方式による）、(3) これらを通じての労働生活の質の向上との係わりを常に念頭におくべきは当然のことである。

(9) 社会的事業所における定款の整備

社会的事業所として認定を受けようとする者は、次の事項を記載した定款を整備しなければならないものとする。定款の整備は、社会的事業所が公共性の高いものであることを考えれば、当然に求められるものであり、仮に、これに違反した運営がなされるなどの場合には、認定は取り消される。

(1) 目的
(2) 事業の内容
(3) 名称
(4) 主たる事務所の所在地
(5) 経営の主体
(6) 運営の方法
(7) 重要事項の決定方式
(8) 収益の再投資に関する事項
(9) 雇用者の構成に関する事項
(10) 解散及び精算に関する事項
(11) その他、厚生労働大臣が定める事項

(10) 社会的事業所の認証及び認証要件

社会的事業所を設置しようとするものは、「都道府県知事の認定を受けなければならない。」と規定する。社会的事業所の公益性に着目すれば、国が認可する道も考えられる。しかし、社会的事業所は、(1) 福祉圏域を一つの単位として設置することが明らかにされていること、(2) 地域における様々な社会的資源との関わりが深いこと、(3) 社会的事業所の設置される地域の

生活者（障害当事者その他）が、雇用の主たる対象になること（特定の特例子会社にあっては、法定雇用率を達成するために、広い範囲の地域から障害者を募集した事例もあったが、社会的事業所にあっては、その様なことを予定しない）を勘案し、都道府県知事の認証によることとした。

　社会的事業所の認証要件としては、次の様なものが想定される。

（1）経営方針、経営計画及び財政計画が適切であること

（2）労働市場において、不利な立場にある者に対して、雇用の機会を提供するとともに、その活動を通じて、地域社会の発展に寄与するものであること

（3）設置主体としては、特定非営利活動法人、社会福祉法人若しくはこれに準ずる団体又は社団法人、株式会社とすること（社会的事業所においては、先進的な取り組みが必要不可欠であり、かつ、従来の福祉の発想からの脱却が強く求められるので、特定非営利活動法人や株式会社が望まれる）

（4）労働市場において、不利な立場にある者を雇用し、利益を上げるための営業活動を遂行していること

（5）労働保険（労働者災害補償保険及び雇用保険）、社会保険（健康保険及び年金保険）の適用事業所であること

（6）雇用労働者に対して支払われる賃金は、地域の一般的な状況に比較して劣るものであってはならないこと

（7）合理的配慮が必要な雇用労働者（主として、障害当事者）については、個々のニーズに対応した、妥当な措置が講じられていること

（8）雇用労働者の雇用の継続・維持・向上を支援する機能が整備され、労働生活の質の維持及び向上の取り組みが行われること

（9）雇用労働者が完全参画することのできる意志決定機関が整備されていること

（10）経営方針、経営計画が適切であるとともに、利益を上げるための経営的努力がなされていること

（11）営業活動によって得られた利益については、新たな社会的事業所の維

持と拡充と雇用労働者の労働生活の質の向上のために再投資すること
(12) 定款が定められていること
(13) その他、都道府県知事の定める要件を満たしていること

　社会的事業所は、地域と密接な係わりがあって、はじめて成立する。その個別性は、いくら強調しても、強調し過ぎるものではない。したがって、これらは、あくまで例示であって、細部にわたる事項については、各都道府県知事が、それぞれの地域特性に応じて、別途、定めることができるものとする。

(11) 社会的事業所に対する支援

　国又は都道府県知事は、それぞれの責務に応じて、社会的事業所に対し、ソーシャル・フアームの例に学び、次の様な支援策を講ずることができるものとする（図3）。

(1) 経営支援措置：運営に関し、経営に関する技術、税務、労務、会計などの専門的事項について必要な支援を行うこと（この支援は、必要に応じ、専門的な民間団体に委託できるものとする）

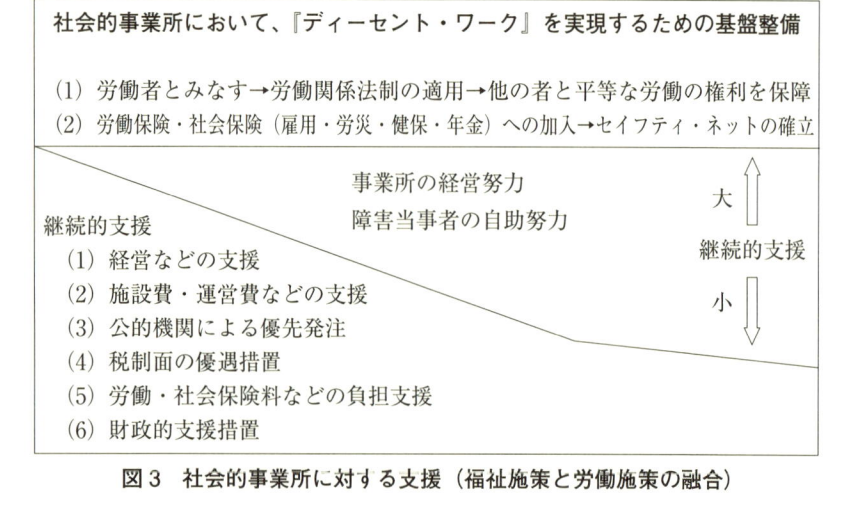

社会的事業所において、『ディーセント・ワーク』を実現するための基盤整備

(1) 労働者とみなす→労働関係法制の適用→他の者と平等な労働の権利を保障
(2) 労働保険・社会保険（雇用・労災・健保・年金）への加入→セイフティ・ネットの確立

継続的支援
　(1) 経営などの支援
　(2) 施設費・運営費などの支援
　(3) 公的機関による優先発注
　(4) 税制面の優遇措置
　(5) 労働・社会保険料などの負担支援
　(6) 財政的支援措置

事業所の経営努力
障害当事者の自助努力

大
継続的支援
小

図3　社会的事業所に対する支援（福祉施策と労働施策の融合）

(2) 施設設置支援措置：設置に必要な敷地の購入費を補助し、又は施設設置に要する経費などについての融資又は賃貸すること
(3) 優先購入措置：生産する物品などの優先的購入をすること
(4) 税制上の優遇措置：税制上の優遇措置を講ずること（社会的事業所支援企業への税制上の優遇措置を含む）
(5) 保険料などの助成措置：雇用保険、労働者災害補償保険、健康保険法、国民年金法の保険料（事業主負担分）の一部を助成し、又は雇用障害者がこれら保険の負担が著しく困難な場合には、その一部（本人負担分）を助成すること
(6) 財政的支援措置：運営に必要な人件費、運営経費などの財政的支援（継続的に実施）を行うこと

既に、社会的事業所の設置主体のところでみた様に、ビジネス手法を取り入れるとするならば、従来の社福祉会法人などにこだわるべきではない。しかし、社会的事業所の設置主体を、NPO法人、さらには、株式会社にまで広げた場合、公的機関が財政支援することに関して、疑義が生ずる。

具体的には、憲法第89条において、「公金その他の公の財産は、宗教上の組織若しくは団体の使用、便益若しくは維持のため、又は公の支配に属しない慈善、教育若しくは博愛の事業に対し、これを支出し、又はその利用に供してはならない。」との規定との調整が必要となる。

これについては、強い公的規制の下、助成を受けられる特別の法人として、社会福祉法人制度を創設し、極めて公益性の高いものとして位置づけ、この規定との矛盾を回避しつつ、公的な助成措置を講ずる道を開いていた経過に学ぶ必要がある。

即ち、「社会的事業所設置促進法」（仮称）という特別法の制定によって、一般企業などが社会的事業所を設置する場合であっても、当該事業所が、「公益性の高い事業を行うもの」として位置づけ、それを指導監督する措置を講ずるならば、特段の問題は生じないと思われる。

(12) 社会的事業所からの報告その他

社会的事業所は、次の事項について、毎年度3月末までに、都道府県知事あて、報告しなければならないと規定する。
(1) 事業実績に関すること
(2) 雇用労働者数に関すること（変動を含む）
(3) 雇用労働者のために講じた措置（合理的配慮その他）に関すること
(4) その他、必要と認められる事項に関すること

(13) 社会的事業所に対する調査・認証の取消し

社会的事業所が、次のいずれかに該当するときは、都道府県知事は、その認定を取り消すことができる。
(1) 虚偽又は不正な方法で認証を受けた場合
(2) 認定要件を具備することができなくなった場合

この場合、都道府県知事は、聴聞の機会を与えなければならないものとする。社会的事業所が公益性の高い事業を行うことから、この様な取扱いは、当然のことと考えられる。

(14) 社会的事業所に対する調査

都道府県知事は、法令、法令に基づいてする行政庁の処分及び定款が遵守されているかどうかを確かめるため必要があると認めるときは、社会的事業所に立ち入り調査することができるものとする。この結果、社会的事業所の要件を具備していないなどのことが把握された場合には、期限を定めて、必要な措置を採るべき旨を命じ、又は、認証の取り消しが行われることとなる。

この措置は、社会的事業所の高いレベルの公益性を考慮すれば、当然のことである。

(15) **類似名称の使用禁止**

社会的事業所でない者は、社会的事業所又はこれに類似する名称を使用してはならないとの規定が必要とされる。

(16) **経過措置**

社会的事業所制度の成立に併せて、既にある制度との調整が必要となる。具体的には、就労継続支援事業（A型：従来の福祉工場）にあっては、建設費補助の他、運営費（職員人件費、旅費、庁費なの一部補助が行われており、労継続支援事業（B型：従来の授産施設、小規模作業所）にあっても、同様に、継続的な措置が講じられている。一方、雇用対策として進められてきた重度障害者多数雇用事業所（特例子会社方式か否かを問わず）にあっては、報奨金が継続的に支給されている（期間は限定されるが、補助金も支給されているので、これを継続的な補助措置の一環と捉えることもできる）。それぞれの制度は、発足の経過、財源の性格からして、補助内容・程度などの違いはみられるものの、いずれも、「継続的な支援措置」（それが、十分なものかどうかは別問題として）が講じられている。

どの様な制度であれ、誕生から、現在に至るまでの様々な経過があり、それぞれに役割を果たしてきた。しかし、現実には、その様な制度によって障害当事者は、いたずらに分断されてきたに過ぎない。制度間の大きな格差があることも、「他の者との平等に労働の権利を有する」という視点からは、問題となる。

したがって、「社会的事業所設置促進法」（仮称）の制定に併せて、これらの既存の制度についても、社会的事業所として、一元的に整理するならば、(1) 限られた財源を効率的に運用できる、(2) 制度間の格差による障害者の差別的取扱い（労働条件の著しい格差など）を無くすことができる、(3) 良質の雇用の場を創出することによって、『ディーセント・ワーク』の要件を満たす基盤を整備することができるといったメリットも想定される（図4）。

このため、3年から5程度の期間の内に、社会的事業所への移行を義務づ

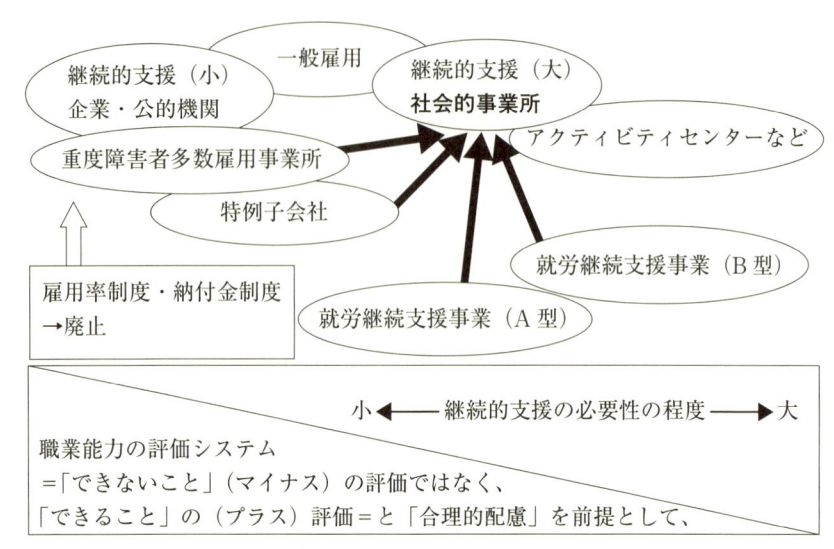

図4 社会的事業所制度への整理・統合
～働く場は異なっても、共通のスタンダード～

(図：継続的支援（小）企業・公的機関／一般雇用／継続的支援（大）社会的事業所／アクティビティセンターなど／重度障害者多数雇用事業所／特例子会社／就労継続支援事業（A型）／就労継続支援事業（B型）／雇用率制度・納付金制度→廃止／継続的支援の必要性の程度 小←→大／職業能力の評価システム＝「できないこと」（マイナス）の評価ではなく、「できること」の（プラス）評価＝と「合理的配慮」を前提として、)

けるものとする。この場合、それぞれが、社会的事業所としての要件を充たすための努力に対して、財政的その他の支援措置を、経過措置として盛り込んでおくことも必要とされる。

なお、重度障害者多数雇用事業所及び特例子会社を社会的事業へ統合するとしたのは、「総合リハビリテーション法」（仮称）においては、雇用率制度・納付金制度を廃止するとし、これに伴って、特例子会社制度も無くなると想定したことによる。

4 社会的事業所は、あくまで、一つのステップ

以上、社会的事業所の設置に関する基本的考え方を、社会事業所設置促進法（仮称）の骨子の形で具体的に示したが、最後に注意しなければないのは、これをどの様に捉えるかということである。社会的事業所を、単純に、障害者雇用の場と考えて、一般雇用、福祉的就労の延長線上にある第三の道

と捉え人たちもいるが、仮に、そうであるとすれば、障害者雇用の場を分断するに過ぎない。

　障害者に限らず、一般労働市場で不利な立場にある人たちが働くということを考え場合、様々な支援策は必要とされるが、それは、ごく普通に働ける様にするための条件整備策（いわばスタート地点へ立つための必要最小限のもの）であって、それを理由として、特別の仕組みを考える必要はない。

　従って、権利条約第27条に規定される「障害者に対して開放され、障害者を受け入れ、及び障害者にとって利用しやすい労働市場及び労働環境」が、我が国の労働市場及び労働の現場に広く浸透するまでの、「緊急避難的な特例措置」と考えるべきものであろう。

　仮にも、一般雇用の難しい障害者が働く場は、社会的事業所であるべしというステレオタイプの考え方であってはならない。

　社会的事業所の設置促進施策は、あくまでも、一つの手段に過ぎない。目標は、働くすべての人たちが、『ディーセント・ワーク』を享受できる様にすることにある。

　政策手段と目標を混同してはならない。

第2節　「総合リハビリテーション法」（仮称）の制定に向けて
　　　　～失われてきた労働の権利の回復と保障を目指して～

　一般雇用については、既に指摘した様に『ディーセント・ワーク』の視点からすれば、その要件を必ずしも十分に満たしているとは言えない。また、権利条約の求める「すべての職場が、障害者に対して開放され、障害者を受け入れ、障害者にとって利用可能なもの」という要件を十分に充たしている訳でもない。一方、社会的事業所の制度化によって、労働の権利保障の視点から、問題の温床となっていた福祉的就労は、一般雇用と共通のスタンダードに組み込まれるとは言え、「社会的事業所設置促進法」（仮称）には、労働の権利保障の視点からの規定整備がなされている訳ではない（それを直接的に目標とするものではない）。

一般雇用場面での人権侵害の問題なども時として報道されるが、あくまで氷山の一角であり、様々な問題は深く潜在化している側面も否定できない。社会的事業所にあっても、今後、設置が進めば、同様の問題も生ずるおそれもある。

　問題を抜本的に改革して、すべての障害者に、『ディーセント・ワーク』を如何にして保障するかという視点に立つならば、福祉の視点ではなく、ごく当然のこととして、労働についての権利を認めることを基本とし、(1) 雇用に関する差別撤廃措置の導入、(2) 障害者雇用企業に対する合理的配慮の義務化、(3) 合理的配慮の実施をより確実にするための安定的な財源確保、(4) 総合的なリハビリテーションのサービス提供施設の抜本的な改善など、必要な諸措置が法制化されなければならない。

　平成21（2009）年12月8日に設置された「障がい者制度改革推進会議」は、平成22（2010）年6月7日・障害者制度改革の推進のための基本的な方向（第一次意見）においては、「障害者に対する差別を包括的に禁止し、被害を受けた場合の救済などを目的とした『障害を理由とする差別の禁止法（仮称）』の制定に向けた検討」を進めるとしている。

　これを受けて、前述の「就労合同作業チーム」においては、障害者雇用促進法が雇用の量的拡大に寄与したとしながらも、雇用の質の確保とその向上には必ずしも十分に機能してこなかったとの認識の下に、障害者雇用促進法を改正し、「労働の権利、障害に基づく差別の禁止、職場での合理的配慮の提供を確保するための規定を設ける」とし、「雇用促進法にこれらの規定を設けることが困難な場合には、それに代わる新法（労働法）で規定する」と、その方向性を明らかにしている。

　社会連帯の理念に基づいて、事業主に雇用の責務を課す雇用促進法の基本的性格からすれば、就労合同作業チームの指摘するように、同法の改正ではなく、新法が望ましい。

　しかし、雇用の成立・維持・向上の過程においては、雇用すべき立場にある事業主と障害労働者（求職障害者を含む）との信頼関係が基本となること

第5章 『ディーセント・ワーク』実現への道筋

から、「障害者雇用差別禁止法」といった、差別禁止を全面に打ち出した特別立法が、我が国の労働の現場に馴染むかどうかについて問題なしとは言えない。また、差別禁止措置が、雇用の促進に大きく寄与するとは限らないことから、総合的なリハビリテーションのサービスが重要となることを勘案すると、労働法として、立法すべきとする就労合同作業チームの意見にも、問題なしとは言えない。

　このため、長きにわたり、障害当事者が十分には享受することができなかった労働の権利を回復し、すべての障害者がILOの目指す『ディーセント・ワーク』の要件を満たすことができる状態を創り出すとの願いを込め、かつ、マーリー・マトン（聴覚障害者）の『ディーセント・ワーク』は、「障害者を含むみんなのもの」「誰もが人並みのディーセントな暮らしを送る公正なチャンスを得られるのは、ただ、ディーセント・ワークを通してのみ」とのメッセージを念頭に、権利条約を基本として、すべての労働の場面における労働の権利保障とその回復（リハビリテーション）を目指す「総合リハビリテーション法」（仮称）の制定を提案したい。

　その骨子を示せば、次の様になろう。

1　「総合リハビリテーション法」（仮称）の骨子
(1)　法の目的

　基本的な理念として、「障害者が他の者と平等に労働についての権利を有することを認め、あらゆる形態の雇用に係る事項に関し、障害に基づく差別を禁止するとともに、リハビリテーションに関する措置を総合的に講じ、もって、障害者にとって利用し易い労働市場及び労働環境において、障害者が自由に選択し又は承諾する雇用によって、生計を立てる機会を有する権利を実現し、及び保障することを目的とする。」といった規定が必要となる。

　これは、障害者の権利条約第27条の規定に即応するもので、この法律の制定を、労働の権利を回復し、維持していくためのスタートとして位置づけるに必要不可欠な基本規定となる。

なお、権利条約第27条においては、「労働及び雇用」と規定されているが、これが実現される場面は、現代社会においては、雇用（一般企業での雇用及び公的機関における採用）が重点となっているので、「雇用」と簡潔に規定したが、既に説明した様に、アメリカのリハビリテーション法に基づくリハビリテーションの目標たる「Employment」が、雇用関係の成立していない就業も含めた広い概念であることから、一般雇用以外の就業を除外するものではないないことは当然である。

(2) サービス対象者の範囲

この法律の対象となる障害者の範囲については、「身体的、精神的、知的又は感覚的な機能障害を有する者であって、適当な雇用に就き、これを継続し及びその雇用において向上する過程において（雇用の成立・維持・向上の過程において）、支援（合理的配慮）が必要とされるもの」といった定義が適切と思われる。これは、権利条約の第1条及びILO条約第159号第1条に規定する障害者の定義の趣旨を踏まえたものである。

なお、第159号条約第1条においては、「見通しが相当に減少している者」とされているが、この表現は、マイナス評価に繋がること、一方、支援という概念を導入するならば、それを「減少」「補完」させるための方法を考えることに繋がることを想定して、雇用の成立・維持・向上の過程において、「支援（合理的配慮）が必要とされる」とした。これは、権利条約第4条において、「障害者に適した新たな技術の研究及び開発」「移動補助具、装置及び支援技術（新たな技術を含む）……であって、障害者にとって利用可能なものを提供する」との規定に配慮したもので、これによって、障害者の「雇用の成立・維持・向上」の過程においても、障害を軽減・補完する多様な技術・支援機器などの積極的な応用と研究の促進が期待される。

おって、権利条約では、「長期的な」という概念が規定されているが、雇用の場面においては、「支援（合理的配慮）が必要とされる」ものと規定するならば、必ずしもこれを明記する必要はないと考えられる。

(3) 障害支援の程度とその認定の方法

「総合リハビリテーション法」(仮称)において重要なことは、「雇用の成立・維持・向上の過程において支援(合理的配慮)が必要されるもの」と定義される対象者の範囲をどの様に確定するのか、また、その認定をどのようにするのか、そのうち、手厚いサービス(給付金の上乗せ、サービス期間の延長など)を提供すべき範囲をどのように確定するかという方法論を確立することにある。

平成22(2010)年6月の「障害者制度改革の推進のための基本的な方向(第一次意見)」においても、「医学モデルに偏った障害程度区分を見直す」とはされているが、方法論についての言及はない。また、平成23(2011)年8月の「総合福祉部会」の提言する新法の骨格においても、「障害種別を超えた支給決定の客観的指標とするには問題が大きい」「試行事業を実施して、その検証結果を踏まえ、導入を図る」とするのみで、具体的なものは提案されていない。

因みに、障害者雇用促進法においては、各福祉法のシステムが組み込まれ、基本的には、手帳によってその確認が行われる。しかし、いずれの障害であっても、基本的には、機能障害のレベルに対応したもの(医学モデル)であって、権利条約の規定する社会モデルには対応していないので、これを継続すべきものではない。また、自立支援法にあっては、上述したように介護給付の判定に用いられるロジックを基本としているが、障害者のニーズに、適切に対応できるものではない。

このため、雇用の成立・維持・向上の過程における支援の必要性の程度に関する公平で客観的な判断基準の導入が強く求められるが、この様な基準の作成に当たっては、すべての人が様々な理由により「活動の制限」や「参加の制約」を引き起こすメカニズムを明らかにしたICF(国際生活機能分類)が有効な道具となる。このICFにおいて、最も重要なことは、環境因子(environmental factor)の概念と位置づけが明確にされたことである。

これを基本として、雇用の成立・維持・向上に関わる環境因子についてみ

るならば、(1) 障害の特性に応じた職務の開発、(2) 施設・設備の改善、(3) 職務を遂行するための教育訓練、(4) 教育（社会教育を含む）、(5) 支援スタッフの配置、(6) 医療・健康管理、(7) 住宅（改造、優先入居、ケア付き住宅など）、(8) 公共交通機関の利用、(9) 情報保障、(10) 生活支援、(11) 福祉用具の利用などが考えられる。

　これらの項目ごとに、それぞれが阻害要因として作用する程度（支援の必要性の程度と言い換えても良い）を数量化し、積み上げることによって、雇用の成立・維持・向上の過程において必要とされる支援の必要性の程度を明らかにすることが可能となる（ここに上げた項目は、あくまで例示であって、さらなる研究が必要とされる。また、それぞれの項目ごとに、支援の程度を判断する基準についても、研究を深める必要がある）。

　なお、それぞれの障害特性に関係が深い環境因子に重み付けをするならば、障害特性を適切に反映させることが可能となるので、障害種別の評価基準を設ける必要は無くなり、簡素化できる。

　この基準による調査結果については、介護保険法及び自立支援法と同様に、コンピュータ判定（一次判定）及び関係の専門職によって構成される「判定会議」によって、最終判断する（二次判定）する仕組みが求められる。判定会議においては、例えば、一定期間の職場実習（OJT訓練など）における評価結果なども参考として、「できない」（マイナス）評価ではなく、「できること」（プラス）評価であって、かつ、個々の障害当事者の潜在的な可能性を十分に勘案して、最終判断が行われることが望ましいことは当然のことである。

　一次判定及び二次判定結果に基づいて、支援の必要性の高い者については、手厚いリハビリテーションのサービス（体系的な職業前訓練、能力開発など）の措置を講じ、併せて、雇用促進上の措置（例えば、各種給付金の支給期間を延長するなど）を連動させるならば、より適切なサービスの展開が可能となり、限られた財源・組織でより高いレベルのサービスを効率的に提供することが可能となる。

これによって、これまでの医学モデルでは、リハビリテーションのサービスの対象とならなかったり、支援の必要性が高いにもかかわらず手厚い措置が適用されないなどの問題（逆に、支援の必要性が低いにもかかわらず、手厚い措置が適用されてきたという問題）を解決することもできる。

　ICF（国際生活機能分類）の考え方を基本とし、支援の必要度を考えていくならば、「障害のある人々（Persons with disabilities）」や「障害者（Disabled Persons）」といった表現は、もはや、必要とされない。ましてや、一見、障害当事者に配慮しながら、実質的には何の意味もない「障がい者」といった表現も同様に必要とされない。

　単に、「（雇用の成立・維持・向上に当たって）支援を必要とする者」と位置づけることで足りる。「総合リハビリテーション法」（仮称）という名称とし、あえて、「障害者リハビリテーション法」などという用語を用いていないのは、この理由による。

(4)　リハ計画の説明・承認・同意

　サービス対象者の雇用の成立・維持・向上の支援に当たって最も重要なのは、リハビリテーション計画の策定である。このため、「地域リハビリテーションセンター（仮称）は、個々の対象者の特性に配慮しつつ、雇用の成立・維持・向上を図るため、リハビリテーション計画を策定しなければならない。」ことを規定し、かつ、学際的な評価となることを求めて、「リハビリテーション計画は、職業リハビリテーションを重点としたもので、かつ、医療、教育及び社会リハビリテーションに係るサービスを統合するものでなければならない。」、また、「リハビリテーション計画の実施に当たっては、地域の社会資源との密接な連携の下に実施される様に努めるものとする。」といった規定も必要となる。

　この規定は、既にある関係のサービス施設では、同様の計画の策定が行われているものの、必ずしも、統合的なものとなっていないことに加えて、権利条約第26条において、(1)「可能な限り初期の段階において開始され」

「個人のニーズ及び長所に関する学際的な評価」を基礎とすること、(2)「保健、雇用、教育及び社会に係るサービス分野において、包括的なリハビリテーションのサービス及びプログラムを企画し、強化し、及び拡張する」と規定されていることを念頭においたものである。

この場合、リハビリテーション計画は、専門職のみの判断によって決定されてはならない。一方の障害当事者の参画も極めて重要となることから、「リハビリテーション計画については、対象者に対して、説明し、同意を得たものでなければならない。」ことも規定されなければならい。既に、医療の分野では、インフォームド・コンセント（informed consent：正しい情報を得た（伝えられた）上での同意）の徹底が進められてる。

一方、福祉分野では、社会福祉法第76条において、利用契約の申込み時の説明、さらに、第77条において、利用契約の成立時の書面の交付といった規定が整備されている。

しかし、職業リハビリテーションを主たるサービスとする分野については、明文の規定がないことから、新たに、この様な規定を設けるものである。

(5) 障害者のための公正かつ良好な労働条件、安全かつ健康的な作業条件の実現に係わる責務

ILOの最大の目標は、自由、公平、保障、人間としての尊厳が確保された条件の下で、すべての人々が『ディーセント・ワーク』を享受できる条件を整備することにある。この視点からすれば、障害者雇用の場面においても、公正かつ良好な労働条件、安全かつ健康的な作業条件は、絶対的な要件となる。

このため、障害者の労働の権利保障を目指す「総合リハビリテーション法」（仮称）にあっては、公正かつ良好な労働条件、安全かつ健康的な作業条件の実現を雇用の場を提供する立場にある者の責務とし、これを明らかに宣言しておく必要がある。

第5章 『ディーセント・ワーク』実現への道筋

このため、「雇用の場を提供する立場にあるすべての者（一般企業、国及び地方公共団体の区別なく）は、他の者との平等を基礎として、(1) 雇用の成立・維持・向上の過程における公正かつ良好な労働条件（均等な機会及び同一価値労働についての同一報酬を含む）、(2) 雇用の成立・維持・向上の過程における安全かつ健康的な作業条件（嫌がらせ（ハラスメント）からの保護を含む）、(3) その他、厚生労働大臣が必要と認める事項について、これを実現し、保持するための措置を講じなければならない。」といった規定が必要となる

なお、これらの条件については、障害労働者に特有のものを規定すると考えるべきものではなく、すべての労働者に共通する普遍的なものが中心となることは当然である（障害特性に応じた対応は、合理的配慮の部分で規定することとなる）。

雇用促進法第5条においては、雇用する立場にある事業主の責務として、「すべて事業主は、障害者の雇用に関し、社会連帯の理念に基づき、障害者である労働者が有為な職業人として自立しようとする努力に対して協力する責務を有するものであつて、その有する能力を正当に評価し、適当な雇用の場を与えるとともに適正な雇用管理を行うことによりその雇用の安定を図るように努めなければならない。」と規定されているが、これを全面的に見直し、障害者の努力に協力するという対応関係の努力義務ではなく、一般企業、国及び地方公共団体の区別なく、「公正かつ良好な労働条件、安全かつ健康的な作業条件の実現」は、障害者を雇用する立場にあるすべての者の本来的な、かつ、共通的な法的な義務として規定されなければならい。仮に、これらの規定に違反するなどの場合には、何らかの罰則を適用することとなる。

しかし、この規定のみによって、法的義務違反か否かを判断することは難しいので、「公正かつ良好な労働条件」、「安全かつ健康的な作業条件」とは何か、その内容はどの様なものなのか、何を持って法的な違反とするかなどについて、「公正かつ良好な労働条件及び安全かつ健康的な作業条件に係わ

る指針」といったものを別途定めることが必要となる。

　この指針は、雇用する立場にあるすべての者の責務を明らかにするものであるが、同時に、障害労働者の権利行使の基礎ともなるものである。したがって、障害当事者をはじめ関係者に広く周知する必要があること、また、必要に応じて見直されるべきものであるので、告示とすることが望ましい。

(6)　障害に基づく差別の禁止など
　「総合リハビリテーション法」（仮称）の根幹をなすのは、障害に基づく雇用差別の禁止に関する規定である。この場合の雇用とは、雇用の成立のみではなく、雇用の成立・維持・向上・退職に至るすべての過程に係わるべきものであることから、「雇用の成立・維持・向上・退職に至るまでのすべての過程における障害に基づく差別を禁止する。」といった規定が盛り込まれなければならない。すべての過程においてとは、次の様なものが想定される。
（1）雇用管理区分（職種、資格、雇用形態、就業形態などの区分、例えば、障害者のみを一般労働者と異なる雇用形態とするなど）
（2）募集及び採用（募集に当たって、いたずらに身体的・精神的な要件を求めるなど）
（3）配置（障害者について、企画立案などの責任ある業務への配置を認めないなど）
（4）昇進（障害者については、一定レベルの役職しか昇進を認めないなど）
（5）降格（降格の要件が、障害者については、異なる条件となっているなど）
（6）教育訓練（障害者については、機会が限られていたり、対象から外されているなど）
（7）福利厚生（障害者については、健常者と比較して追加的経費がかかるなどを理由として、福祉増進のための措置の利用が制限されているなど）
（8）職種の変更（障害者については、職種の変更が制限されているなど）
（9）雇用形態及び雇用条件（障害者については、特別の雇用形態及び雇用

条件とするなど、不利益となる異なる取扱いがなされるなど）
（10）退職勧奨・定年（障害者については、年齢を早めるなど、不利益な取扱いがなされるなど）
（11）解雇（解雇に関して、障害者のみについて不利益な特例的な取扱いがなされるなど）
（12）労働契約の更新（障害者については、特別の契約として、更新の対象から外すなどの不利益となる取扱いがなされるなど）

　しかし、これらの措置が、括弧に例示した様な明瞭な形で行われることは、現実の問題としてあり得るものではなく、差別は、どの様なものであれ、深く静かに潜行することを勘案すれば、「障害者を雇用する立場にある者が適切に対応するための指針」（障害者の雇用管理に関する指針）の作成が必要となる。これらは、一方の当事者である障害当事者も、その内容を熟知するべき立場にあることから、この指針は、告示されるべきものである。
　ここでは、あえて、「障害者雇用差別禁止」を表面に出さないで、雇用管理に関する指針としている。これは、既に述べた様に、雇用関係は、当事者（障害当事者と事業主）間の信頼関係を基礎とすることを念頭においたためである。
　障害者の雇用管理に関する指針の作成（見直しを含む）に当たっては、「指針作成委員会」を設置し、検討することが求められる。このため、「障害者の適切な雇用に関する検討委員会を設置しなければならない。」とし、「委員会は、15名以内とし、障害当事者、学識経験者、労働組合及び事業主をそれぞれ代表するもので構成されるものとし、その任命は厚生労働大臣が行う。」との規定が必要となる。

（7）障害当事者の権利
　障害者雇用促進法においては、障害当事者の雇用に関する権利については何ら規定されていない。このため、権利条約第27条の規定に対応して、障害当事者の権利として、「雇用障害者（雇用を予定されている者を含む）は、

事業主に対して、次の様な事項の実現を求めることができる。」との規定を整備するものとする。
 (1) 自分の能力と知識を最大限に活用することができる様に、仕事をデザイン（職務再設計：Job Redesign）すること
 (2) 能力の開発向上のために、OJT訓練の機会が与えられること
 (3) 必要に応じ、企業外の教育訓練を受ける便宜が与えられること
 (4) 障害の特性に応じた合理的配慮の措置が講じられること
 (5) 必要な技術的な援助（人的な支援を含む）が与えられること
 (6) 上記の他、職業生活の成立・維持・向上に必要な支援が与えられること
 (7) その他、地域生活に必要な支援が与えられること

「地域生活に必要な支援」を規定しているが、これは、職業活動は地域生活と一体のものであり、企業は、住宅、移動、情報保障などの面についても支援を行う必要があることを念頭においたものである。しかし、その支援のすべてを雇用企業の責務とする趣旨ではない。地域の社会資源との密接な連携の下に必要な支援が行われる部分があることは当然である。

(8) 必要とされる環境改善・人的サポートなどの合理的配慮義務

「総合リハビリテーション法」（仮称）の根幹をなす「雇用差別の禁止」とセットで考えられるべきは、合理的配慮に関する規定である。

このため、「雇用の場を提供する立場にあるすべての者（一般企業、国及び地方公共団体の区別なく）は、その雇用する障害者（雇用を予定される障害者を含む）の求めに応じて、必要不可欠な合理的配慮を行わなければならない。」と規定し、これを、障害者を雇用する立場にある者の法的な義務として規定するものとする。

「求めに応じて」という規定を挿入した趣旨は、(1) 合理的配慮に係る措置を求めることは、障害当事者に与えられた権利としてあること、一方、(2) 雇用の場を提供する立場にあるすべての者は、これへの応諾義務を持つ

ことを明らかにするものである。したがって、「雇用の場を提供する立場にあるすべての者は、障害者が求めた合理的配慮の実施を拒否し、又は適切に実施しなかった場合については、差別的取扱いとみなす。」ことを規定しなければならない。併せて、「障害者が、合理的配慮を求めたことを理由として不利益な取扱いを行ってはならない。」との規定も求められる。これらに違反する場合には、何らかの罰則の適用が予定されなければならない。

　また、権利条約第27条において、「障害者にとって利用可能な労働市場及び労働環境」が要請されているが、これは、障害者を雇用する潜在的可能性を有するとすべての企業を想定したものであることから、一定規模以上企業に限って、この義務を課すなどのことは、あってはならない。1名でも、障害者を雇用するならば（雇用しようとするならば）、必然的に、この責務が生じることとなる。

　合理的配慮の内容及び程度などについては、権利条約第2条に規定する趣旨を踏まえて、雇用の成立・維持・向上の過程に即して考えられるべきもので、「特定の場合において必要とされるものであり、かつ、均衡を失したものでないこと」、障害者を雇用する（雇用しようとする）企業に、「過度の負担を課さないもの」が基本となることから、「総合リハビリテーション法」（仮称）においては、「合理的配慮とは、雇用の成立・維持・向上の過程において、必要とされるすべての措置（障害の特性に応じた職務の開発、必要な能力開発の向上、施設設備の改善、作業を容易にする人的な支援又は物理的な支援措置をいう）であって、他の一般従業員の利用をも考慮した、均衡を著しく失した又は過度の負担を伴わないもので、かつ、可能な限りユニバーサルなものでなければならない。」といった規定が必要とされる。

　「可能な限りユニバーサルな」と規定する趣旨は、合理的配慮が、当該障害者に極めて特化したものであったり、他の一般従業員の行動を制限したり、あるいは不快感を抱かせる様なものであれば、障害当事者にマイナスの影響を与えかねないことに配慮したものである。

　ここに記述した合理的配慮の例示は、限定列挙する趣旨でないことは当然

である。しかし、合理的配慮の性格から、これを法律のレベルで、細かく規定することは難しい。

このため、雇用の成立・維持・向上の過程において必要不可欠であって、障害の特性などに応じた、個別的な判断の基礎となる「合理的配慮に関するガイドライン」を告示することが必要となる。これは、雇用する立場にある者は勿論、一方の当事者である雇用障害者（雇用を予定されている者を含む）にとっても、適切な判断に資するものとなることが期待される。

「合理的配慮に関するガイドライン」の作成・見直しに当たっては、委員会を設置して検討することが必要とされるので、「合理的配慮に関するガイドラインの作成にあっては、合理的配慮に関するガイドライン作成委員会を設置しなければならない。」とし、「障害者の雇用管理に関する指針」の作成の場合と同様の委員会設置及び構成に関する規定整備が必要となる。

(9) 合理的配慮義務に必要とされる財源の確保のための措置

雇用する立場にあるすべての者（一般企業、国及び地方公共団体の区別なく）は、障害者の求めに応じて、「均衡を著しく失したり、過度の負過度の負担を求める」場合以外には、合理的配慮を講じなければならないと、法的な義務として、これを行うべきことが規定された。しかし、それが、如何に、ユニバーサルなものであって、かつ、必要最小限のものであったとしても、一定の経済的負担を求めることは否定できない。従って、何らかの財政的な支援の仕組みを構築しておかなければ、その確実な実行は期待できない。

ところで、現行の納付金制度に基づく助成制度については、徴収された納付金財源から、(1) 障害者雇用に伴う追加的経費を調整することに充当される調整金・報奨金（支出の基準、単価があらかじめ、決められており、機械的に支給される）に加えて、(2) 制度運営に要する必要額（事務的な経費）を差し引いた、いわば、残余の財源によって運用されているに過ぎない。財源規模も小さく、雇用の改善によって助成金に回せる財源は、減少すること

から、極めて、不安定なものであり、合理的配慮の確実な実施を担保するものではない。特に、合理的配慮でも、人的な支援（例えば、視覚障害者のための朗読者や聴覚障害者のための手話通訳者を配置するなど）については、継続的に実施が必要不可欠であることを考慮すると、助成制度に依存する仕組みは、極めて危ういものとなる。

　合理的配慮は、特別のものと考えてはならない。ユニバーサルデザインの視点を重視した配慮であるならば、障害者は勿論のこと、企業に働くすべての人たちにも役立つものである（その時点では役に立たないとしても、従業員が高齢化すれば、あるいは、労災などによって障害者が生まれた場合には役立つ。その様な潜在的な効果も考慮すべきであろう）。その様に考えるならば、雇用保険財源又は労災保険財源を活用することも考えられる。具体的には、雇用保険（労使折半で負担）財源については、新規雇用障害者のための合理的配慮の実施などに振り向けることが考えられ、一方、労災保険（使用者負担）については、既に雇用されている労働者が、労災などにより障害者となったものの必要とされる合理的配慮（必要に応じ、これとセットで行われる職場復帰のための職業リハビリテーションの推進など）に振り向けることも考えられる。

　このために、「合理的配慮に必要とされる経費については、雇用保険（新規雇用障害者の場合）又は労災保険（労災により障害者となった場合）財源を活用できる。」といった規定が必要となる。一方、国及び地方公共団体については、「国家公務員共済又は地方公務員共済財源を活用できる。」との規定が必要となる。この様な規定を整備することによって、一般企業、国及び地方公共団体の区別なく、雇用する立場にある者としての本来的な責務である合理的配慮を確実に実施することが可能となる。

　これまで、公的機関については、納付金制度は適用されず、助成措置も講じられないことから、それぞれの機関は、自前で予算措置をすることが求められてきたが、この措置によって、問題の解決が可能となる。

　このため、具体的には、それぞれの財源措置の根拠法に、納付金制度に基

づく助成措置と同様の規定（助成の内容、助成限度額、助成の負担割合などに併せて、職場復帰のための職業リハビリテーションの推進など）を整備することが求められる（合理的配慮に関するガイドラインに応じて、すでに制度化されている助成制度の内容などについても、必要な見直しを行うべきは当然である）。

(10) 差別・不利益を受けたときの簡易・迅速な救済措置の創設

上記のように差別禁止に係わる規定が整備されたが、現実には、この権利を実現することができない障害者が生まれることが想定される。

この様な場合、問題の解決を求めて、司法へと訴える裁判制度があるが、権利が侵害された時、これを回復するためには、一般的には、膨大な「時間と費用」がかかるものであり、結果として、緊急を要する障害者の訴えが、事実上無視されているといった側面のあることも否定できない。

このためには、雇用する立場にある者に対して、当事者である雇用障害者（雇用を予定されている者を含む）のすべてが、苦情申し立てをする道を開き、迅速な解決を促す仕組みを構築しておくことが不可欠となる。この場合、まずは、企業内における自主的な解決の仕組みが優先されるのは、当然であろう。

このため、「障害者から苦情の申出を受けたときは、苦情処理機関（事業主を代表する者及び当該事業場の労働者を代表する者を構成員とする当該事業場の障害労働者の苦情を処理するための機関）に、当該苦情の処理を委ねるなど、その自主的な解決を図るように努めなければならない。」といった規定の整備が求められる。これは、「雇用の分野における男女の均等な機会及び待遇の確保等に関する法律」に基づいて設置される「苦情の処理機関」の例と同様に考えることで良いと思われる。

これによっても、紛争の解決が得られない場合（調停の申請があった場合）に備えて、「調整委員会」において調整を行う仕組みを用意しておかなければならない。このため、「地方労働局長は、差別・不利益救済委員会を

設置しなければならない。」と規定し、その組織については、「委員会は、委員15人をもつて組織するものとし、構成は、学識経験者及び障害当事者又は障害当事者を代表する者でなければならない。」、「障害当事者又は障害当事者を代表する者は、過半数以上でなければならない。」といった規定が必要となる（仮に、地方労働局が、都道府県へ移管されるならば、都道府県知事の所管となる）。

　なお、公的機関については、人事委員会などが、その責務を果たすことが期待される。

　これは、イギリスの障害者差別禁止法（Disability Discrimination Act）にあっては、障害者に対する差別を根絶することや障害者の機会均等を推進することを任務とする「障害者権利委員会」（Disability Rights Commission）が設置され、この委員会は、15人の委員からなり、その過半数は障害のある人から選ばれると規定されていることを参考としたものである。

(11)　**積極的差別是正措置**

　権利条約第27条（h）においては、「民間部門における障害者の雇用を促進するための適当な政策及び措置として、「積極的差別是正措置、奨励措置その他の措置を含めることができる。」とされている。

1)　雇用率制度

　第一次意見においても、「障害者雇用率制度などについては、雇用の促進と平等な取扱いという視点からその在り方を検証した上で、積極的差別是正措置としてより実効性のある具体的方策を検討する。」とされている。また、就労合同作業チームの検討においては、社会モデルの基づいた障害の範囲の拡大といわゆる見なし雇用の制度化を前提として、法定雇用率を「大幅に引き上げる方向での見直しが求められる」としている。

　雇用率制度は、雇用促進法に規定されている様に、その根本的な考え方は、「社会連帯の理念に基づき、障害者である労働者が有為な職業人として

自立しようとする努力に対して協力する責務を有する」として、障害当事者の努力に呼応する形で、事業主の責務が定められ、これを具体化するために、雇用率制度が創設されているものである。

しかし、雇用率制度によって、障害者雇用の実績は上がったとは必ずしも評価されている訳ではない（重度障害者のダブルカウント、短時間労働者のカウントなどの効果が大きいと思われる）。また、労働生活の質の向上という点に関しては、雇用率制度は、必ずしも、事業主に対して魅力あるインセンティヴを与えるものとは言えない。これについては、就労合同作業チームの検討においても、同様の問題意識を持っており、「障害者雇用促進法に基づく障害者雇用率制度は、主に量としての雇用の確保を意図したものであり、障害者権利条約第27条で求められる、質としての雇用の確保を担保するものではない。」と指摘している。

さらには、障害の雇用を雇用率制度によって法的義務とすることから、不可避的に生ずる障害当事者への烙印を押すというマイナス効果（障害者は、労働者としては魅力のない存在として位置づける）も無視できない。結果として、雇用率制度の下で起こっている人権侵害事件、雇用障害者の差別的な待遇（非常勤嘱託、低い賃金など）の実態からすれば、障害当事者の労働の権利保障は、必ずしも十分とは言えない。

この様な現象を生み出した要因は、（1）雇用差別を禁止する措置もなく、（2）合理的配慮を確実に実施させる措置もないままに、強制的に障害者雇用（量的に）を進めてきたことによる。

「総合リハビリテーション法」（仮称）によって、これらの問題を生じない様に運用するならば、雇用率制度は、障害者差別を積極的に是正していくための、積極的差別是正措置と捉えることもできるかもしれない。第一次意見においても、「積極的差別是正措置としてより実効性のある具体的方策」として捉えている。また、その様な意見を唱える専門家も多い。

しかし、雇用率制度及びこれと一体的に運営される納付金制度については、そもそも、その根本となる考え方＝障害者は、生産的でないことに加え

第5章 『ディーセント・ワーク』実現への道筋

て、その雇用には付加的経費負担が伴うもの、それ故に、障害者雇用における経済的負担の不公平を企業間で調整するという考え方＝は、障害者を一括して、いわば、「能力の低い人」、「面倒をみなければならない存在」、「金のかかる存在」と位置づけるものである。雇用後において、十分に能力を発揮し、企業に貢献しているとしても、雇用率制度の算定の基礎から外される訳でもない。

労働の権利保障の視点からすれば、疑義が生ずる。雇用率制度の性格を考えるならば、どの様な改善策を講じようとも、障害者差別を積極的に是正するものとみなすことは難しい。従って、雇用率制度は、速やかに、廃止することが求められる。雇用率制度が廃止されれば、納付金制度も廃止されることから、合理的配慮の実施に必要とされる経費を負担の問題が生ずるが、上記の様な安定的な財源措置を講ずるとすれば何ら問題はないと思われる。

なお、雇用率制度の廃止に伴って、強化すべきは、総合的なリハビリテーションのサービスである。このサービスについては、これまでのように、雇用の成立に重点をおくものから、その維持・向上の過程においても深く係わる様な総合的かつ継続的なサービスを可能とする仕組みとすべきものであり、これに伴って、組織・サービスの在り方を再構築することが強く求められる。また、職業リハビリテーションのサービスは、医学・教育・社会サービスと一体となって統合的に提供されなければならない。職業リハビリテーション法ではなく、あえて、「総合リハビリテーション法」（仮称）とするのは、その故である。

2) 特例子会社制度

積極的差別是正措置の一つとして、特例子会社制度も考えられるという見方もあるかもしれない。しかし、この様な特別のグループ雇用の仕組みは、特別の支援や設備を必要とすることを正当なる理由として、障害当事者を一般労働市場から閉め出す一つの抜け道とも捉えることができる。

インクルーシヴな雇用は、障害を持つ労働者にも有用であることは勿論で

あるが、障害のない労働者にとっても、障害当事者の働く権利に関する理解を育む上で極めて有用なものである。障害当事者を人間として認め、平等のパートナーとして認識することは、ノーマルな雇用へのスタートであり、社会の成熟にも貢献する。だからこそ、権利条約は、第27条において「障害者に対して開放され、障害者を受け入れ、又は、障害者にとって利用可能な労働市場及び労働環境」の実現を求めているのである。

特例子会社の設置によって、法定雇用率を速やかに達成できることから、多くの企業が安易に特例子会社を設置する傾向を問題として指摘しておかなければならない。特別の仕組みを温存することは、権利条約の求めるところと逆行するもので、障害者雇用の望ましい姿からすれば、マイナスの効果を及ぼすに過ぎず、結果としては、障害者の社会的統合への道を否定する側面も否定できない（実際、知的障害者の雇用義務化に伴い、知的障害者の多くが特例子会社に雇用されている現実を忘れてはならない）。

特例子会社は、雇用率制度及びこれと一体的に運営される納付金制度と同様に、積極的差別是正措置として捉えてはならない。

(12) 地域におけるリハビリテーションのサービス組織の体系化

雇用率制度は、理念的な視点からみて、また、現実の成果からみて、積極的差別是正措置の一つとしてはなり得ないとすれば、障害者の雇用の成立・維持・向上の過程で、総合的なリハビリテーションのサービスの果たす役割には大きいものがあるので、関連施設の再編整備が求められる。

地域レベルのリハビリテーション関連施設としては、障害者雇用促進法その他の法令によって、次の様なものが規定されている。

(1) 地域障害者職業センター
(2) 障害者雇用支援センター
(3) 障害者就業・生活支援センター
(4) 労災リハビリテーション作業所
(5) 就労移行支援事業

まず、第一に、地域障害者職業センターについては、各都道府県レベルに設置される指導的な施設として位置づけるものとする。このため、「総合リハビリテーション法」（仮称）においては、「地域障害者職業センターは、各都道府県を一つの単位として、設置することとし、次の業務を行う。」ものとする。
(1) リハビリテーションに関する技術的事項についての指導に関すること
(2) 障害者職業生活支援士（仮称）の向上研修の実施に関すること
(3) ジョブ・コーチの養成及び資格認定に関すること
(4) ピアカウンセラー（障害者の雇用の成立・維持・向上に係わるものに限る）の養成及び資格認定に関すること
(5) その他、必要とされる調整業務に関すること

次に、障害者雇用支援センター、障害者就業・生活支援センター、労災リハビリテーション作業所及び就労移行支援事業については、機能のダブリがみられるので、「地域リハビリテーションセンター」（仮称）に吸収するものとする。

このため、「総合リハビリテーション法」（仮称）においては、「地域リハビリテーションセンター（仮称）は、各保健福祉圏域を一つの単位として、設置することとし、地域の社会資源との密接な連携の下に、次の業務を行う。」と規定する。
(1) 職業指導、職業前訓練・職業訓練（一般企業の場を活用したOJT訓練によるものを含む）、職業紹介その他のサービスに関すること
(2) 雇用の成立・維持・向上に必要とされる継続的な支援に関すること
(3) 事業主に対する障害者の雇用管理に関する助言その他の援助を行うこと
(4) 雇用障害者の日常生活、地域生活に関する支援に関すること
(5) 地域の関連機関との連絡調整に関すること

このように整理することで、就労移行支援事業は、リハビリテーションの一環として位置づけられ、問題とされていた利用者負担に関する矛盾を解消

することができる。また、職業紹介の業務が加えられているが、これは、リハビリテーションの業務は、総合的かつ一貫したものでなければならないことから、公共職業安定所において行われている障害者に対する職業紹介業務を、職業安定法第33条に規定に基づいて、無料職業紹介事業（注11）として、これらのサービス施設に行わせることとし、障害者に対するサービスを一元化するものである。

これによって、ワン・ストップ・サービスが可能となり、障害当事者の利便性は著しく向上することが期待される（新政権では、公共職業安定所などの業務に関し、地方への移管（労働局から都道府県知事への移管）が検討されているが、これが実現すれば、都道府県知事の責任において、障害者の雇用の成立・維持・向上に係わるサービス組織の統合が可能となる）。

ところで、障害者雇用支援センター、障害者就業・生活支援センター、労災リハビリテーション作業所及び就労移行支援事業については、その設立経過から、いくつかの財源に跨っている（納付金財源、雇用保険財源、一般財源など）。財源措置が複雑であることは、業務の継続的な執行の上からも問題が大きい。

新たに、「地域リハビリテーションセンター」（仮称）として、法制上に明確に位置づけるに当たっては、リハビリテーションの業務については、その継続的な実施が要件とされることから、財源措置の在り方を全面的に見直し、安定的な一般財源による措置とすることが必要不可欠となる。

この前提としては、当然のことながら、組織の在り方、業務内容についても全面的な見直しを進め、必要最小限の財源規模に押さえ込むことが求められる。

(13) リハビリテーションのサービス無料原則の明示

リハビリテーションのサービスついては、ILO第99号勧告の規定に従い、かつ、ILO審査委員会の指摘を受けて、「地域リハビリテーションセンター（仮称）の行うリハビリテーションのサービスについては、無料とす

る。」といった規定の整備が求められる（この規定は、確認的なものであって、新たに財源負担を求めるものではない）。

　なお、今後の財政負担を考慮し、原則無料としても、必要最小限の負担を求めることはあっても良いと思われる（応益負担に準ずる措置の導入）。

(14)　企業内リハビリテーションの促進

　「地域リハビリテーションセンター」（仮称）の充実・強化に併せて、労災などによって障害者となった者への対応も忘れてはならない。

　このため、「総合リハビリテーション法」（仮称）においては、「雇用の成立・維持・向上の過程に係わる事業主（一般企業、公的機関の別なく）は、その過程において、障害者となったものの職場復帰に努めなければならない。」とし、「リハビリテーション計画の策定と職場復帰を促進するための諸措置については、「地域リハビリテーションセンター（仮称）」との密接な連携の下に実施しなければならない。」といった規定が必要とされる。

　「地域リハビリテーションセンター（仮称）」との密接な連携を規定するのは、(1) 企業には、リハビリテーションに関する専門的知識が十分でないこともあること、(2) リハビリテーション計画の策定と実施が、事業主の恣意によることがあってはならないことからである。

　特に、リハビリテーション計画の策定は重要なものであり、障害当事者の意向を十分に勘案して、客観的・公正にこれが行われることが強く求められる。当然のことながら、障害を理由として、差別的取扱いは、あってはならないし、「説明と同意」（インフォームド・コンセント）を徹底することが基本となる。

　併せて、「リハビリテーションのサービスの措置を受けている間の身分保障など（雇用の継続、就業規則に定められた水準の給与の支給、リハビリテーションのサービス終了後の扱いなど）について、障害当事者との間で、書面による契約を結ばなければならない。」とし、障害当事者が、安心して、リハビリテーションのサービスを受けられるように措置することも必要とな

る。これらは、法的義務規定であるので、仮に、違反があれば、罰則の適用を予定するものとする。

(15) 専門職（障害者職業カウンセラー、ジョブ・コーチなど）の育成体制の確立

リハビリテーションのサービスの過程に関わり、大きな役割を担う職種として、現在は、障害者職業カウンセラー及びジョブ・コーチがある。「地域リハビリテーションセンター」（仮称）の再編整備に併せて、これらについても、その資格、養成体制などを整備することが必要となる。

障害者職業カウンセラーについては、現在は、独立行政法人　高齢・障害者雇用支援機構によって、研修が実施されているが、これを「障害者職業生活支援士」（仮称）として、法定の国家資格として位置づけるための法令の整備（障害者職業生活支援士法（仮称））が求められる。

具体的には、その資格について、既にある社会福祉士（又は、精神保健福祉士）の資格を基礎とし、指定する大学院において、障害者職業生活支援に必要とされる統合的なリハビリテーションに係る専攻・領域の修士課程を修了することを基本要件として、終了後は、障害者職業生活支援士（仮称）国家試験に合格し、所定の登録手続きを経て、その資格を付与されるといった規定整備が必要となる（アメリカにおいて、リハビリテーションカウンセラーは、大学院レベルの素養を要請されることを参考として、我が国においても同様に考える必要がある）。

指定する大学院は、「地域リハビリテーションセンター」（仮称）との密接な連携の下に、あらかじめ定められた期間のリハビリテーションに関する実務経験を積むことができるものでなければならないものとし、その詳細については、「障害者職業生活支援士法」（仮称）に基づく省令などにおいて規定されることが望ましい。

「障害者職業生活支援士」（仮称）については、「地域リハビリテーションセンター」（仮称）に配置することを義務づけることは当然であるが、併せ

て、障害者雇用企業における雇用の成立・維持・向上の過程において、支援が必要な場合があるので、これらの企業においては、「障害者職業生活支援士」(仮称)の配置が奨励される。このため、「障害者雇用企業は、障害者職業生活支援士の採用・配置に努めるものとする。」といった趣旨の規定が必要となる。

　ジョブ・コーチについては、障害者の雇用の成立・維持・向上の過程における支援を一貫して担うものとし、「地域障害者職業センターにおける養成研修を受け、ジョブ・コーチとしての認定を受けなければならない。」、「地域リハビリテーションセンター(仮称)及び障害者雇用企業には、ジョブ・コーチを配置しなければならない。」と、その業務内容及び責務について規定することが求められる。

　なお、ジョブ・コーチには、障害者当事者にも道を開くことが重要なので、養成研修の実施に当たっては、これに十分に配慮しつつ、ピア・サポート体制の整備に努めるものとする。

2　「総合的リハビリテーション法」(仮称)の制定に伴う関係制度の改正

　「総合リハビリテーション法」(仮称)の制定に伴って、関係制度の改正も必要となる。障害者対策が特別対策として展開されてきたことから、専門職が、いつの間にか差別的な取扱いの加担者となっている現状を改め、あらゆる制度について、労働市場において不利益を被っている様々な人々を包み込む様な視点からの見直しが強く求められる。

(1)　求職登録制度

　公共職業安定所における求職登録制度は、障害者として登録し、職業自立に向けての計画(職業リハビリテーション計画)を樹立し、必要な職業前・職業訓練を受講させるなどの一連のサービスを提供するために必要なものとされてきた。

　これによって、障害者の就職の可能性が高まることは期待できるものの、

一般労働市場であるメインストリームへのアクセスのチャンスさえ拒否され、限られた選択肢（中小零細企業、技能を必要とされない労働、特例子会社など）の中から、進路を決定するすかしかなく、能力に応じた職業選択がなされているとは言えないという問題も指摘される。記述したように、河原正明は、職安の担当官は、障害者は、「働けるだけでも幸せ」いう感覚での対応であったと指摘している。

　最大の問題は、例えば、職業紹介過程において、公共職業安定所担当者は、特別扱いがもたらした、この様なすマイナスの効果に気づいてさえいないことである。権利条約の求める「機会の均等」を大きく阻害することに結果としては、加担していることになるとの認識がないことは、問題であろう。

　特別の求職登録制度は、「障害者に対して開放され、障害者を受け入れ、又は障害者にとって利用しやすい労働市場及び労働環境」の進展状況を見極めつつ、廃止する方向で検討することが必要となる（因みに、アメリカ、アイルランド、ニュージーランドなどにおいては、求職登録制度はない）。

　登録制度を廃止し、一般求職者と同様の扱いをするとしても何ら問題を生ずるものではない（当然に配慮すべきことはあるとしても、それは、求職障害者を特別扱いする正当な理由とはならない）。

　障害当事者の中には、公共職業安定所に永久的に登録されていることに疑問（個人のプライバシー保護の上で問題ではないのか）を持つものも多いことを忘れてはならない。

(2)　能力開発に係る社会資源の開放

　障害者の能力開発過程においても同様の問題が指摘される。国立職業リハビリテーションセンターや障害者職業訓練校などで用意された訓練コースは、限られており、必ずしも弾力的な運用ができるものではない。この結果、選択の幅を狭め、職業選択の選択肢を大きく狭める結果を生んでいるが、職業訓練に関わる専門職については、その様な問題意識を十分に持って

いるとは言えない。問題意識を持っていても、訓練コースの改廃は、必ずしも容易ではない。

　地域には、様々な教育訓練や能力開発の社会資源がある。雇用の成立・維持・向上に寄与するものも多い。問題は、それらの社会資源が、権利条約第27条の求める「障害者に対して開放され、障害者を受け入れ、及び障害者にとって利用可能」となっておらず、障害当事者の利用を制約する様々な障壁があるのが現実である。地域の社会資源は、いつでも、障害当事者が利用できるように、ハード・ソフト両面にわたる諸条件を整備していくことが強く求められる。

　これによって、障害当事者は、自分の住む地域において、自分の希望する教育訓練を受けることができる、さらに、例えば、国立職業リハビリテーションセンターにおいて職業訓練を受ける時のように、生活基盤を替える必要は無く、また、大きな経済的負担も求められない（訓練手当は支給されるとしても、すべての経費を賄えるものではない）。

　それは、同時に訓練手当の支給などの措置の縮減に繋がり、財源の有効活用に資するところも大きい。

3　地域における総合的なサポート体制の充実

　以上、今後の施策の基本的な方向について、その在り方を示したが、障害者を含め、地域における労働市場において、不利益な立場にある者の雇用の成立・維持・向上のためには、地方公共団体も、その責務の一端を担うことが求められる。このため、最後に、これについて補足しておきたい。

　「総合リハビリテーション法」（仮称）については、政策立案及びその実施は、「厚生労働省」→「労働局」→「公共職業安定所」といった行政組織を中心として、その一方で、専門的事項であるリハビリテーションのサービスについては、「障害者職業総合センター」→「地域障害者職業センター」→「地域リハビリテーションセンター」（仮称）」という組織によって運用されることとなる。

その過程において、地方公共団体は、側面的な連携を求められることはあるが、基本的仕組みは、すべてが法定されていることから、独自施策を打ち出すことは難しい側面があることは否定できない。

　ところで、既にみたように、雇用の成立・維持・向上に関わる環境因子のうち、(1) 教育（社会教育を含む）、(2) 医療・健康管理、(3) 住宅（改造、優先入居、ケア付き住宅など）、(4) 公共交通機関の利用、(5) 情報保障、(6) 生活支援、(7) 福祉用具の利用などについては、地方公共団体の担うべき業務と密接に係わっており、地方公共団体の行政努力無くしては、進展しない。

　即ち、「総合リハビリテーション法」（仮称）の基本設計は国の責務であり、その運用においても国は大きな責任を有するが、地方公共団体が深く係わること無くしては、初期の目的を達成することはできない。都道府県、市町村は、それぞれの責務に応じ、関連施策の充実に努めることが強く期待される。その中から生まれた優れた施策については、国において制度設計するなどのことが、今後、重要となる。例えば、滋賀県において先行的に取り組まれたきた社会的事業所は、今や、国政レベルの重要な課題の一つとなっている。また、大阪府の独自の対策として知られるジョブライフサポーター事業などについては、むしろ、国としての政策に統合され、全国斉一的に展開されるべき政策として考えるべきであろう。地域において、切実なるニーズ基づいて施策が立案され、実施され、その過程で、さらなる改善がなされ、その効果が検証されて、はじめて制度は、有効に機能するものである。

　中央省庁において、「頭」だけで考えた政策は、その多くが、必ずしも実績を上げている訳ではない。自立支援法が、その良い例であろう。理想を求める余りに、現実とかけ離れた施策は、破綻するものである。その中に巻き込まれた障害者当事者の戸惑い、苦しみ、挫折感、そして、結果として、施設から在宅へと戻らなかった人々の存在を忘れてはならない。

　時代は大きく変化している。これまでのように上意下達という一方的な行政の仕組みから、双方向の相互互恵関係が生み出されなければならない。そ

のためには、地方公共団体の企画力が必要となる。それを前提としなければ、真の地域主権はあり得ないことを強調しておきたい。

一方の「社会的事業所設置促進法」(仮称)については、基本設計は国が行うとしても、社会的事業所の設立から運用に至までの支援策は、地域に密着したものであるという基本的な性格から、地方公共団体に大きく依存している。

地域社会をどの様な単位で捉えるかは別として、それぞれの地域には、地域でしか解決できない様々な課題(医療・保健・福祉の充実、環境整備の促進、障害者・高齢者生活支援、子育て支援など)がある。これらは、地方自治体が、自らの責務として、必要な財源を投資して行うべきものもあろうが、むしろ、民間の活力を最大限に活用することとした方が良い場合もある。社会的事業所は、障害者をはじめ、地域の就職困難者の雇用の場であるが、同時に、ビジネスモデルでもある。これを活用することも、有効な一つの選択肢となる。これによって、地域レベルの課題を解決することができ、ひいては、地域活性化に繋げることもできる。

「総合リハビリテーション法」(仮称)及び「社会的事業所設置促進法」(仮称)の制定に即応して、地方公共団体の施策の充実が図れるならば、権利条約の求める「障害者が他の者と平等に労働についての権利を有する」という目標達成が、より確実になることを強調しておきたい。

(注1) 平成17(2005)年度版公正労働省白書(第1部　地域とともに支えるこれからの社会保障、第2章第2節の「2　障害者の福祉及び雇用についてのこれまでの国と地域の取組みと今後」において、障害者の「働きたい」を応援する「滋賀モデル」として紹介されている。
(注2) クラブハウス・モデル：アメリカにおいて、精神障害回復者のためのリハビリテーションモデルとして注目される。従来の専門家によるケアや訓練と異なり、スタッフがマネージメントサービス(メンバーがさまざまなサービスを主体的に活用できるようにするための支援を提供して、自助の力を養い、メンバー相互の支援活動を培うシステムとして知られる。ここでは、サービスの利用者は、「メンバー」と呼ばれ、「スタッフ」とパートナーシップを組み、対等な立場でさまざまな仕事に携わりつつ、その過程を通じて、自信と誇りを取り戻し、やがては地域にある一般企業で働くことを体験する

「過渡的雇用(就労)プログラム」にも参加し、職業的自立を達成していく。
(注3・4) 参考2 滋賀県社会的事業所設置運営要綱を参照のこと
(注5) 滋賀県ナイスハート物品購入制度：(1) 趣旨 県内の障害者の雇用及び福祉的就労の促進を図ることを目的に、県の物品や役務の調達にあたり、積極的に障害者を雇用している障害者雇用促進事業者や福祉的就労の取り組みを行っている授産施設・共同作業所などから、優先的に物品などの調達を行う。(2) 対象事業者としては、①障害者雇用促進事業者「滋賀県物品等に係る指名競争入札参加資格者名簿」に登録されている県内に本店又は支店を有する中小企業者や個人事業者で、県内の本店、支店の障害者(身体障害者・知的障害者・精神障害者)の雇用率が2.0％以上、②授産施設・共同作業所等 身体障害者更生施設、身体障害者授産施設、知的障害者更生施設、知的障害者授産施設、精神障害者授産施設、共同作業所、社会的事業所など
(注6) 大津市障害者共同(働)作業所等用地等賃借料補助金交付要綱：(1) 補助対象施設 障害者共同(働)作業所、社会的事業所、障害者小規模通所授産施設、障害者働き・暮らし応援センター、委託相談支援事業、障害者福祉サービスを行う事業所、(2) 補助対象経費 上記の補助対象施設の用地又は建物の賃借料
(注7) 白杉滋朗：大津市ねっこ共働作業所 事業代表「福祉エキスポ・2008」(大阪)すべての障害者が生きがいを持って働けるようにするために＝一般雇用と福祉的就労の統合における意見発表から引用
(注8) ソーシャル・インクルージョン：すべての人々を孤独や孤立、排除や摩擦から援護し、健康で文化的な生活の実現につなげるよう、社会の構成員として包み支え合うという考え方。EUにおいて、社会的排除(失業、技術及び所得の低さ、粗末な住宅、犯罪率の高さ、健康状態の悪さ、家庭崩壊などの互いに関連する複数の問題を抱えた個人、あるいは地域)に対処する戦略の中心となる。
(注9) 中崎ひとみ：(社福) 共生シンフォニー・常務理事「福祉エキスポ・2008」(大阪)すべての障害者が生きがいを持って働けるようにするために＝一般雇用と福祉的就労の統合意見発表から引用
(注10) 各国における労働関係法制の適用状況(平成21(2009)年)：(1) スウエーデン、オランダ：労働者としてみなされ、労働法が適用される(訓練期間中は、労働者とはみなされない)、(2) イギリス、アメリカ、オーストラリア、ニージーランド：労働者としてみなされ、労働法が適用される、(3) ドイツ：労働者としてはみなされず、労働法は適用されない、(4) フインランド：賃金補填の対象者は、労働法が適用される(福祉的就労分野における労働法適用に関する研究会～国際的動向を踏まえた福祉と雇用の積極的融合～)から整理・引用
(注11) 無料職業紹介事業：職業安定法第33条「無料の職業紹介事業(職業安定機関の行うものを除く。以下同じ。)を行おうとする者は、……厚生労働大臣の許可を受けなければならない。」と規定されている。

参考資料

1　滋賀県における障害者の就労支援に関する今後の方向性について
2　滋賀県社会的事業所設置運営要綱
3　滋賀県社会的事業所運営助成金交付要綱
4　ILO条約・勧告

1 滋賀県における障害者の就労支援に関する今後の方向性について

3 社会的事業所（仮称）の創設

　委員会においては、上述のような、これまでの施策の問題点を踏まえながら、問題の根本的な解決のためには、労働施策と福祉施策が、これまでの延長線上にものごとを考えるのではなく、相互に連携し、融合し、新たな施策として展開されるものでなければならないという考えの下に、(1) 事業所型共同作業所の要件をさらに広げて、労働法規を全面的に適用する方向を目指すことを基本として、新たなタイプの事業所を考える必要があること、(2) 既に労働法規が全面的に適用されている福祉工場の制度にあっては、設立の要件として20名以上の定員が必要とされたり、社会福祉法人でないと設置・運営できないなどの要件があり、これが、高いハードルとなっていることから、新たに構想される事業所にあっては、この要件を緩和する方向で検討する必要があること、(3) 一般雇用の改善が十分でないことに加えて、福祉的就労から一般雇用への移行が極めて低いレベルにあることから、上記のような要件を満たしつつ、一般雇用の受け皿となる新たな雇用の場を創設する必要があるとの認識の下に、委員会においては、「社会的事業所」（仮称）（以下、単に、「社会的事業所」という。）の設置が提言された。

(1) 社会的事業所の要件

　「社会的事業所」とは、以下の要件などを満たす、労働法規を全面適用した事業所とされた。

　1）障害者従業員が就労を継続し、維持できるように支援をする機能を有すること、

　2）障害者従業員は5名以上とし、かつ全従業員の一定割合以上を占めること、

　3）従業員全員と雇用契約を締結すること、

　4）事業所の経営機関に障害者自身が参画していること、

　5）労働保険（労働者災害補償保険、雇用保険）の適用事業所であること、

6) 事業所としての経営方針、経営計画が適切であるとともに、利益を上げるための経営努力がなされていること、

なお、社会的事業所の制度の在り方については、厚生労働省から平成16 (2004) 年度10月に「今後の障害保険施策について（改革のグランドデザイン）」が、公表され、今後この動向を見極める必要があることから、委員会においては、3年程度を目途に一定の見直しを行っていく必要があるとされた。

(2) 社会的事業所の位置づけ

社会的事業所の位置づけについては、労働施策と福祉施策が相互乗り入れをしたものであり、重度多数雇用事業所や特例子会社のように、雇用関係の成立する一般雇用としても位置づけられ、その一方で、福祉工場や、事業所型共同作業所のように、運営、管理のための経費について補助される仕組みを持つものに近いところに位置づけられるところが大きな特徴として指摘できる。

(3) 経営主体

次に、社会的事業所の経営主体をどのように考えるかが問題となる。因みに、現在の事業所型共同作業所の運営主体についてみると、市町村、社会福祉法人、公益法人、地域の代表者、障害福祉関係者・団体、作業所を利用する障害者などで構成され市町村長及び知事が適当と認めた運営協議会となっている。また、福祉工場については、その運営主体は社会福祉法人とされている。しかし、社会的事業所は、障害従業員の労働条件の改善に繋がる利益を上げるための経営努力が重要であることから、従前のような運営主体を想定することは適切ではなく、委員会においては、社会的事業所としての要件を備えた株式会社などの営利法人やNPO法人など、多様な組織形態とすることが望ましいとの提言が行われた。

しかし、新たにこれらの法人を設置するには、それなりの時間がかかることを配慮して、当分の間は、「共同作業所」からの移行を想定し、委員会においては、経過措置として従来型の運営主体を認めることとした。

(4) 助成の在り方

　事業所型共同作業所に対しては、上述のように、運営費、職員研究活動促進費、管理経費について補助金を支給する制度が導入されたが、社会的事業所において、これをどのように考えるかが問題となる。対象となる障害者が重度障害者であり、国際生活機能分類に言う「活動の制限」・「参加の制約」を受けており、その雇用を成立させ、それを安定的に維持していく上において、ハード・ソフトの両面にわたる環境条件を整備するとともに、支援が継続的に必要とされる側面もあることを勘案すれば、なんらかの助成策を講ずることが重要となる。この視点から、委員会においては、助成に関して、(1) 障害者の継続的就労への支援に対し助成を行う「支援助成」（継続的なもの）と、(2) 建物の増改築や備品などのハード整備への助成を行う「整備助成」（一時的なもの）が必要であるとの提言が行われた。(1) の支援助成は、障害者の雇用を成立させ、維持する上において重要な役割を果たすものであり、運営経費への助成とあわせ、障害者従業員の能力開発、能力向上に向けた取り組み、障害者従業員を支援するための人材配置など、障害者従業員の労働生活の質（Quality of Working Life）の向上を図るための取り組みを支援するなど目的的な助成として、これを位置づけることが適切であると考えたものであった。

(5)「社会的事業所経営戦略会議（仮称）」の設置

　社会的事業所は、福祉的就労の枠組みを超えたものであり、その要件の一つとして、事業所としての経営方針、経営計画が適切であるとともに、利益を上げるための経営努力がなされていることがあげられていることから、経営戦略の視点からサポートすることが極めて重要となる。このため、委員会においては、社会的事業所制度の創設とあわせ、社会的事業所の採択に当たって計画の実効性や助成の必要性、経営改善方策について検討を行うとともに、社会的事業所の経営や人材育成などについてアドバイスを行うため、企業経営者、経営コンサルタントなどを構成員とした「社会的事業所経営戦略会議（仮称）」の設置を提言している。

社会的事業所の要件の一つとして、障害者従業員は5名以上とし、かつ全従業員の一定割合以上を占めることが求められているが、具体的にどの程度の障害者割合を考えることなどに関しても、経営計画などとの関係を総合的に勘案しながら、戦略会議において、討議が深められることとなろう。

　さらに、委員会は、将来的には、「社会的事業所経営戦略会議（仮称）」がさらに発展し、県内の障害者雇用企業や団体などによるNPO法人などの企業ネットワーク組織が立ち上がり、障害者の一般雇用をはじめ、福祉的就労から一般雇用への移行、福祉的就労の支援に至る総合的な支援が行われることが望まれると指摘する。

（安井秀作：近畿医療福祉大学研究紀要「滋賀県における障害者の就労支援に関する今後の方向性について―共同作業所を中心として―」2005（平成17）年6月　第6巻第1号（通巻第7号）の一部抜粋）

2　滋賀県社会的事業所設置運営要綱

第1　設置の目的

　社会的事業所は、作業能力はあるものの、対人関係、健康管理などの理由により、一般企業に就労できないでいる者を雇用し、生活指導、健康管理などに配慮した環境の下で障害のある人もない人も対などな立場で一緒に働ける新しい職場形態の構築を進め、地域社会に根ざした障害者の就労の促進ならびに社会的、経済的な自立を図ることを目的とする。

第2　設置および運営主体

　事業の実施主体は、滋賀県障害者共同作業所設置運営要綱に定める障害者共同作業所および滋賀県機能強化型障害者共同作業所設置運営要綱に定める機能強化型障害者共同作業所の設置運営主体のうち、第1に掲げる目的をもって事業を実施しようとする者であり、かつ、第4に掲げる要件を全て満たす者とする。

第3　障害者従業員

　社会的事業所の障害者従業員は、次に掲げる者であって、原則として社会

的事業所の所在する市町に居住地を有し、市町長が社会的事業所での就労を適当と認めた者とする。ただし、他の市町に居住地を有する者であっても居住地を管轄する市町長が、社会的事業所での就労を適当と認めた場合は、就労できるものとする。

(1) 障害者更生相談所または子ども家庭相談センターにおいて知的障害と判定された者

(2) 身体障害者

(3) 回復途上にある精神障害者

第4　社会的事業所の要件

社会的事業所は、県内に所在し、次の各号の全てに該当するものとする。

(1) 障害者従業員が5名以上20名未満でかつ、雇用割合が50％以上（実人数算定）であること。

(2) 障害者従業員が就労を継続し、維持できるように支援する機能を有していること。

(3) 社会的事業所内外において、障害者理解などの啓発活動を行っていること。

(4) 社会的事業所の経営の意思決定に障害者従業員が参画していること。

(5) 従業員全員と雇用契約を締結していること。

(6) 労働保険（労働者災害補償保険、雇用保険）の適用事業所であること。

(7) 事業所としての経営方針、経営計画が適切であるとともに、利益を上げるための経営努力がなされていること。

第5　建物および設備の基準

(1) 日照、採光、換気など社会的事業所で就労する障害者従業員の保健衛生ならびに安全について十分考慮されたものとするほか、労働関係法令の規定を遵守するものとする。

(2) 障害者従業員が円滑に労働でき、能率を向上できるよう、障害の種類や程度などに十分に配慮しながら、事業の効率化や作業工程の工夫など環境の整備を図るものとする。

第6　運営基準
(1) 運営の基本原則
　社会的事業所は、適正かつ円滑な事業の運営に留意するとともに、障害者従業員の労働生活の質の向上に努めるものとする。
(2) 労働条件など
　①運営主体が障害者従業員を雇用するに当たっては、関係機関の意見を十分尊重して行うこと。
　②労働時間、休日、賃金などについては、就業規則に定め、労働関係法規に従って行うこと。
(3) 就労に伴う福祉的配慮
　障害者従業員に対して、各人の心身の状況を十分勘案しつつ、職業能力を十分に引き出すため、介助や作業の支援などの福祉的配慮を行うほか、福利厚生面などにおいて社会的自立を助長するよう努めるものとする。
(4) 会計の原則
　社会的事業所の会計は、社会的事業所の財政状況および経営成績を明らかにするため、正規の簿記の原則に従って、整然かつ明瞭に記録整理されるものとする。
第7　従業員
(1) 社会的事業所は、管理運営の責任者を定めなければならない。
(2) 管理運営の責任者は、障害者福祉に熱意を有し、企業経営の能力または実績を有する者が望ましい。
(3) 社会的事業所には、障害者従業員とともに働きながら障害者従業員の介助、相談、作業の支援など福祉的業務に従事する従業員を置かなければならない。
(4) 従業員は、事業ならびに作業の支援などに必要な知識と能力を有し、障害者福祉に熱意を有する者であって、管理運営の責任者が適当と認めた者とする。
第8　関係機関との連携

社会的事業所は、労働関係法規の適用を受ける事業所であるとともに、福祉的配慮の機能を有する事業所であることにかんがみ、市町、振興局地域健康福祉部・地域振興局地域健康福祉部・県事務所地域健康福祉部・大津健康福祉センター、福祉施設、学校、公共職業安定所、労働基準監督署、障害者従業員の家庭などとの連絡を密にし、社会的事業所の運営が円滑かつ効果的に行われるように努めるものとする。

第9　賃金の支払
　雇用契約を締結した障害者従業員に対しては、法に定める最低賃金以上の賃金を支払わなければならない。また、法に定める最低賃金の適用除外については、社会的事業所の目的に反しないよう十分配慮の上、取り扱うこと。

第10　帳簿など
　社会的事業所には、障害者従業員名簿、金銭出納簿、設備備品台帳、作業活動日誌、証拠書類綴を備え付け、5年間保存しなければならない。

第11　経営評価など
　社会的事業所は、必要に応じ、企業経営者などで構成される組織により、経営や人材育成などについて評価を受けなければならない。

第12　指導・検査の対応
　社会的事業所は、県および市町の指導に応じ、運営状況などについて報告し、資料を提出するとともに、必要な場合には実地による検査に応じなければならない。

　　附則
　この要綱は、平成17年4月1日から施行する。

3　滋賀県社会的事業所運営助成金交付要綱

（趣　旨）
第1条　知事は、知事が別に定める滋賀県社会的事業所設置運営要綱に定める要件を備え、知事が承認した社会的事業所が障害者を雇用し、社会的自立を目指す事業に市町が要する経費に対して、滋賀県補助金等交付規則

(昭和48年滋賀県規則第9号。以下「規則」という。)に規定するもののほか、この要綱の定めるところにより予算の範囲内において助成金を交付する。

(対象経費)

第2条 助成の対象となる経費は、社会的事業所の「管理費」、「運営費」および「特別加算費」とし、その内容は別表に定めるところによる。

(助成金の額)

第3条 助成金の額は、別表に定める対象経費ごとに算定した補助基準額と次の市町長が支出した経費を比較していずれか少ない方の額に2分の1を乗じて得た額の合計額の範囲内とする。

(1) 運営費については、社会事業所の障害者従業員が居住する市町長

(2) 管理費および特別加算費については、社会的事業所が所在する市町長

(申　請)

第4条 規則第3条に規定する申請書は、別記様式第1号により、別に定める日までに知事に提出しなければならない。

2 この助成金の交付決定後、事業の変更などにより追加交付申請などが必要となったときは、別記様式第2号により別に定める日までに、知事に提出しなければばらない。

(交付などの決定)

第5条 知事は、助成金の交付申請または変更交付申請があったときは、申請書を受理した日から30日以内に交付決定または変更交付決定を行うものとする。

(実績報告)

第6条 規則第12条に規定する実績報告書は、別記様式第3号により当該事業完了の日から1か月以内または翌年度の4月10日までのいずれか早い日までに、知事に提出しなければならない。

(書類の提出)

第7条 この要綱の規定により知事に提出する書類は、当該市町を所轄する

振興局地域健康福祉部長、地域振興局地域健康福祉部長、県事務所地域健康福祉部長または大津健康福祉センター所長（大津市および高島市にあっては、知事）に2部提出するものとする。

2 振興局地域健康福祉部長、地域振興局地域健康福祉部長、県事務所地域健康福祉部長は、関係書類の内容を審査し、知事に1部提出するものとする。

（その他）
第8条 この要綱に定めるほか、滋賀県社会的事業所運営助成金の交付に関し必要な事項は、知事が別に定める。

付　則

この要綱は、平成17年4月1日から施行し、平成17年度の助成金から適用する。

別表（要綱第2条、第3条関係）
(1) 助成対象経費の内容

経費区分	対　象　経　費
運営費	①社会的事業所を運営するために必要な報酬、給料、職員手当など、共済費、賃金、旅費、需用費（消耗品費、印刷製本費、光熱水費、日常生活諸費）、役務費、委託料 ②障害者従業員の労働生活の質を高める取り組みに必要な経費
管理費	社会的事業所を管理するために必要な固定資産物品費、備品費、修繕費、使用料および賃借料、減価償却費
特別加算費	社会的事業所の営業力強化や経営能率向上のための営業担当職員の配置に必要な経費（ただし、助成開始後3年間限りとする）

(2) 対象経費別助成基準額

経費区分	助　成　基　準　額
運営費	各月初日在籍障害者従業員 1人当たり（月額）75,000円×延べ人員数

管理費	1社会的事業所当たり（年額）1,000,000円
特別加算費	1社会的事業所当たり（年額）3,232,000円

4 ILO条約・勧告

(1) 障害者の職業リハビリテーション及び雇用に関する条約（第159号）
（我が国は1992（平成4）年に批准）

第1部　定義及び適用範囲

第1条　この条約の適用上、「障害者」とは、正当に認定された身体的又は精神的障害のため、適当な職業に就き、これを継続し及びその職業において向上する見通しが相当に減少している者をいう。

2　この条約の適用上、加盟国は、職業リハビリテーションの目的が、障害者が適当な職業に就き、これを継続し及びその職業において向上することを可能にし、それにより障害者の社会における統合又は再統合の促進を図ることにあると認める。

3　加盟国は、この条約を、国内事情に適し、かつ、国内慣行に適合する措置によって適用する。

4　この条約は、すべての種類の障害者について適用する。

第2部　障害者のための職業リハビリテーション及び雇用に関する政策の原則

第2条　加盟国は、国内事情及び国内慣行に従い、かつ、国内の可能性に応じて、障害者の職業リハビリテーション及び雇用に関する国の政策を策定し、実施し及び定期的に検討する。

第3条　前条の政策は、すべての種類の障害者に対し職業リハビリテーションに関する適当な措置が利用できるようにすることを確保すること及び開かれた労働市場における障害者の雇用機会の増大を図ることを目的とする。

第4条　第2条の政策は、障害者である労働者と他の労働者との間の機会均

等の原則に基づくものとする。障害者である男女の労働者の間における機会及び待遇の均等は、尊重されなければならない。障害者である労働者と他の労働者との間の機会及び待遇の実効的な均等を図るための特別な積極的措置は、他の労働者を差別するものとみなしてはならない。
第5条　代表的な使用者団体及び労働者団体は、第二条の政策の実施（職業リハビリテーションに関する活動に従事する公的機関と民間団体との間の協力及び調整を促進するためにとられる措置を含む。）に関して協議を受ける。また、代表的な障害者の及び障害者のための団体も、協議を受ける。
第3部　障害者のための職業リハビリテーション及び雇用に関する事業の発展のための国内的な措置
第6条　加盟国は、法令又は国内事情及び国内慣行に適合するその他の方法により、第二条から前条までの規定を実施するために必要な手段をとる。
第7条　権限のある機関は、障害者が職業に就き、これを継続し及びその職業において向上することを可能にするための職業指導、職業訓練、職業紹介及び雇用に関する事業その他関連の事業を実施し及び評価するための措置をとる。労働者全般のための現存の事業は、可能かつ適当な場合には、必要な調整を行った上活用する。
（以下　略）

(2) 職業リハビリテーション及び雇用（障害者）に関する勧告（第168号）1983（昭和58）年

　Ⅰ　定義及び適用範囲

　1　この勧告及び1955年の職業更生（身体障害者）勧告の適用に当たり、加盟国は、「障害者」とは、正当に認定された身体的又は精神的障害の結果、適当な雇用に就き、それを継続し、かつ、それにおいて向上する見込みが相当に減退している者をいうものとみなすべきである。

　2　この勧告及び1955年の職業更生（身体障害者）勧告の適用に当たり、

加盟国は、職業リハビリテーション（同勧告において定義するもの）の目的は、障害者が適当な雇用に就き、それを継続し、かつ、それにおいて向上することができるようにすること及びそれにより障害者の社会への統合又は再統合を促進することにあるとみなすべきである

　3　加盟国は、この勧告の規定を、国内事情に適し、かつ、国内慣行に即した措置によって適用すべきである。

　4　職業リハビリテーションに関する措置は、すべての種類の障害者が利用できるものとすべきである。

　5　障害者のための職業リハビリテーション及び雇用に関する事業を立案し及び実施するに当たっては、労働者一般のための現行の職業指導、職業訓練、職業紹介、雇用及び関連の事業を、可能な場合には、必要な調整を行った上活用すべきである。

　6　職業リハビリテーションは、できる限り早期に開始すべきである。このため、医療的及び社会的リハビリテーションについて責任を有する健康管理機構その他の機関は、職業リハビリテーションについて責任を有する機関と定期的に協力すべきである。

　Ⅱ　職業リハビリテーション及び雇用の機会

　7　障害者は、可能な場合には、自己の選択に対応し、かつ、その適性が考慮された雇用に就き、それを継続し、かつ、それにおいて向上することについて、機会及び待遇の均等を享受すべきである。

　8　障害者のための職業リハビリテーション及び雇用に対する援護措置をとるに当たっては、男女の労働者の間の機会及び待遇の均等の原則を尊重すべきである。

　9　障害を有する労働者と他の労働者との間の機会及び待遇の実効的な均等のための特別な積極的措置は、他の労働者を差別するものとはみなされるべきではない。

　10　障害者の雇用の機会で、労働者一般に適用される雇用及び賃金の基準に合致するものを増大するための措置をとるべきである。

11　10の措置は、1955年の職業更生（身体障害者）勧告Ⅶに掲げられるものに加えて次のことを含むべきである。
(a)　開かれた労働市場における雇用の機会を創設するための適当な措置（使用者が障害者のための訓練及びその後の雇用を提供すること並びにこれらの訓練及び雇用の促進のために作業場、職務設計、作業具、機械及び作業編成について妥当な調整を行うことを奨励するための使用者に対する財政援助を含む。）をとること。
(b)　一般雇用に就くことが可能でない障害者のための各種の保護雇用を確立するための適当な政府援助を行うこと。
(c)　保護作業施設及び生産作業施設で働く障害を有する労働者の雇用状況を改善するため及び、可能な場合には、その様な労働者が通常の条件の下で雇用に就くための準備を援助するため、組織及び管理の問題に関する両施設の間の協力を奨励すること。
(d)　非政府機関が運営する障害者のための職業訓練、職業指導、保護雇用及び職業紹介の事業に対する適当な政府援助を行うこと。
(e)　障害者による及び障害者のための協同組合であって、適当な場合には、労働者一般にも開かれるものの設立及び発展を奨励すること。
(f)　障害者による及び障害者のための（並びに、適当な場合には、労働者一般にも開かれる）小規模産業、協同組合その他の型態の生産作業施設の設立及び発展のために適当な政府援助を行うこと。ただし、この様な作業施設は、所定の最低基準を満たすものであることを条件とする。
(g)　障害者の訓練及び雇用のため、その移動並びに建築物への接近及び建築物の中における自由な行動を阻害する物理上、コミュニケーション上及び建築上の障壁及び障害を、必要な場合には段階的に、除去すること。公共の建築物及び施設を新設する場合には、適当な基準を考慮すべきである。
(h)　可能かつ適当な場合には、障害者の必要に応じ、リハビリテーション及び作業を行う場所への往復移動のための適切な手段をとることを促進すること。

(i) 障害者の雇用における統合の実際のかつ成功した例に関する情報の普及を奨励すること。

(j) リハビリテーション・センター、作業施設、使用者及び障害者に必要な特定の物品、訓練用の材料及び機器並びに障害者が雇用に就き、かつ、それを維持することを援助するために必要な特定の補助機器及び装置に対し、輸入の際に又はその後に課される内国税その他すべての種類の内国課徴金の賦課を免除すること。

(k) フル・タイムの雇用が直ちには、又は永久的に可能でない障害者について、その個々の能力に応じたパート・タイムの雇用その他の就労に関する措置をとること。

(l) 障害者の通常の職業生活への参加を促進するための研究調査を行うこと及び各種の障害に対し、その研究調査の結果をできる限り応用すること。

(m) 職業訓練及び保護雇用の枠内での搾取の可能性を排除し、並びに開かれた労働市場への移行を促進するための適当な政府援助を行うこと。

12 障害者の職業生活及び社会への統合又は再統合のための計画の立案に当たっては、あらゆる形式の訓練について考慮すべきである。これらの訓練には、必要かつ適当な場合には、職業準備、職業訓練、単位制（モジュール）訓練、日常生活のための行動訓練及び読み書きの訓練その他職業リハビリテーションに関連する分野の訓練を含むべきである。

13 また、障害者の通常の職業生活への統合又は再統合及びこれによる社会への統合又は再統合を確保するため、特別の援助措置（障害者が適当な雇用に就き、それを継続し、かつ、それにおいて向上することができるようにするための補助機器、装置及び継続的な個人の援助の提供を含む。）の必要性についても考慮すべきである。

14 障害者の職業リハビリテーションに関する措置については、その成果を評価するため、フォローアップをすべきである。（以下、略）

おわりに

　以上、我が国の一般雇用及び福祉的就労の問題を明らかにしながら、国として講ずべき対策の柱となる「社会的事業所設置促進法」（仮称）及び「総合リハビリテーション法」（仮称）を提案したが、その最後の部分でも言及したように、これらの法制を支える上において、障害当事者が住んでいる市町村レベルにおける政策の充実も求められる。
　既に各地で設置されている自立支援協議会においては、地域福祉の在り方についての検討が深められている。様々なテーマが議論されているが、障害当事者就労支援策の在り方についても、当然のことながら、大きな関心が寄せられ、議論が深められている。
　因みに、姫路市の仕事部会の取り纏めにおいては、〈障害のある方の就労支援に関する課題〉として、(1) 就労に関する相談の体系化（各相談先の役割や位置づけが不明瞭など、(2) 福祉・教育・労働における支援の連携（学校・就労支援事業所・職安・職業自立センターのチームアプローチの必要性など）、(3) 雇用に向けたマネージメントの仕組みの確立（相談からアフタフォローまで一貫した支援の流れが必要など）、(4) 就労した障害者への支援プログラムの確立（働く障害者の相談や介護などの支援の必要性、雇用した企業への相談や情報提供など）、(5) 通勤手段の確保（車、公共交通機関の円滑利用など）、(6) 障害に応じた職場環境の確保、又は改修（障害の特性に応じた建物、設備などの改修の方法と資金など）、(7) 障害者が働くことがあたりまえになる意識が求められる（障害者の権利条約にみる理念の周知など）など、広範囲わたる課題が取り上げられている。
　さらなる検討が進められ、県レベル、市町村レベル、保健福祉圏域レベルでの課題が明らかにされ、政策提言へと繋がることを期待したい。
　本稿が、その一助となれば幸いである。

索　引

【英字】

ILO　　14, 17, 38, 51, 52, 54, 56, 72, 85, 86, 107, 110, 128, 130, 136, 140, 142, 148, 177, 182
ILO 審査委員会　　54, 118, 142, 162, 196
ILO 条約・勧告違反　　51, 85
ILO 第159号条約　　31, 51, 54, 56, 58, 100, 136, 140
ILO 第168号勧告　　51
ILO 第99号勧告　　62, 159, 196

【あ行】

アドホック委員会　　87
医学モデル　　11, 15, 18, 105, 116, 179, 181
違憲訴訟　　85, 86, 88, 89, 94
嫌がらせ　　27, 28, 183
インクルーシヴな雇用　　147, 193
インセンティヴ　　33, 74, 77, 143, 192
インフォームド・コンセント　　22, 67, 182, 197
エド・ロバーツ　　92, 93, 94, 105
援助付き雇用　　39
応益負担　　9, 10, 86, 89, 91, 94, 98, 103, 113, 197

【か行】

活動の制限　　179, 208
簡易・迅速な救済措置　　190
感覚的な機能障害　　17, 178
環境因子　　15, 99, 179, 180, 202
環境整備法　　12
機会均等　　53, 61, 62, 67, 68, 72, 75, 118, 136, 191
基本合意　　88, 91, 92, 98, 99, 115
基本合意文書　　18, 88, 113
求職登録制度　　23, 199, 200
協働労働　　154
苦情の処理機関　　190
クラブハウス・モデル　　150
呉　秀三　　85
訓練等の計画　　143, 144
継続的支援　　33, 112, 170, 174
継続的な訓練　　30
継続的な支援措置　　153, 160, 173
減額特例許可　　109
憲法第13条　　86, 89, 115
憲法第14条　　87, 89, 115
憲法第22条　　115
憲法第25条　　87, 89, 91, 115
憲法第27条　　5, 96, 115
憲法第89条　　171
公正かつ良好な労働条件　　27, 28, 165, 182, 183
更生施設　　44, 103, 133, 204
工賃　　10, 23, 59, 63, 80, 86, 97, 108, 119, 125, 151, 159
工賃の減額制裁　　144
交通バリアフリー法　　3, 12
公的部門　　32, 33, 37, 46, 50
合理的配慮　　6, 23, 24, 33, 35, 36, 39, 50, 55, 57, 65, 67, 72, 74, 76, 78, 100, 111, 112, 116, 123, 124, 126, 140, 148, 152, 156, 161, 162, 165, 168, 172, 176, 178, 183, 186, 188, 190, 192
合理的配慮に関するガイドライン　　188, 190

高齢者の判定基準　11
国際生活機能分類　15, 34, 50, 58, 66, 95, 98, 100, 179
国立職業リハビリテーションセンター　37, 47, 200
国連人権（社会権）規約委員会　13, 79
雇用機会の増大　31, 59, 67, 215
雇用差別の禁止　25, 131, 184, 186
雇用システム　26
雇用の成立・維持・向上　16, 30, 35, 38, 43, 50, 55, 56, 58, 72, 75, 77, 106, 108, 123, 159, 161, 163, 166, 178, 180, 183, 184, 187, 188, 194, 196, 199, 201, 202
雇用保険　36, 50, 124, 130, 142, 145, 151, 169, 171, 189, 196, 206, 210
雇用率制度　5, 32, 34, 36, 56, 58, 72, 74, 101, 107, 121, 122, 132, 135, 140, 174, 191, 192, 194
雇用率制度の効果　72

【さ行】

サービス無料原則　196
差別禁止規定　6, 8, 12, 26, 74
サポート体制　199, 201
参加の制約　179, 208
自営業（起業）　32
支援装置及び支援技術　50
支給決定の仕組み　117
事業所型共同作業所制度　148
実務経験の取得　37
社会資源の開放　200
社会的協同組合　156
社会的事業所　109, 110, 112, 125, 147, 148, 150, 152, 154, 156, 160, 162, 164, 166, 168, 170, 172, 174, 176, 202
社会的事業所経営戦略会議　167
社会的事業所設置促進法　147, 160, 162, 171, 173, 175, 203
社会的事業所に対する支援　165, 170
社会的事業所の特徴　145
社会的事業所の認証　166, 168, 169
社会的障壁　7, 8, 12, 18, 116
社会モデル　11, 15, 105, 107, 116, 123, 127, 179, 191
就職レディネス　38, 39, 45, 134
就労移行支援事業　9, 11, 60, 69, 70, 78, 95, 96, 97, 117, 144, 147, 194, 195, 196
就労継続支援事業　9, 11, 60, 62, 64, 65, 69, 96, 117, 125, 142, 162, 173
就労継続支援事業（A型）　10, 60, 71, 78, 97, 132, 174
就労継続支援事業（B型）　63, 68, 69, 71, 97, 132, 174
就労合同作業チーム　120, 121, 148, 176, 177, 191, 192
就労困難者　155, 157, 162
就労能力評価　66
授産施設　9, 37, 59, 60, 61, 62, 63, 65, 71, 80, 86, 96, 103, 118, 132, 143, 144, 153, 158, 173, 204
障害概念　15, 17, 34, 80, 116
障害者基本法　1, 2, 6, 8, 12, 18, 26, 100, 115, 116
障害者権利委員会　191
障害者雇用差別禁止法　177
障害者就労センター　78, 117, 118, 119, 120
障害者職業カウンセラー　41, 44, 48, 49, 121, 198
障害者職業訓練校　200
障害者職業生活支援士　195, 198, 199
障害者就業・生活支援センター　42, 43, 71, 126, 194, 195, 196
障害者自立支援法　1, 2, 3, 8, 10, 53, 71, 85, 86, 88, 89, 90, 91, 99, 132
障がい者制度改革　99
障がい者制度改革推進会議総合福祉部会　113, 121

索　引

障がい者制度改革推進会議中間まとめ　19, 104, 149
障がい者総合福祉法　99, 100, 102
障害者の権利条約　1, 2, 12, 14, 51, 53, 85, 87, 99, 100, 104, 107, 113, 114, 118, 122, 128, 147, 152, 177
障害者雇用促進法　3, 4, 5, 6, 10, 11, 18, 26, 31, 33, 36, 55, 69, 76, 102, 111, 112, 116, 118, 121, 122, 140, 176, 179, 185, 192, 194
障害者の自立　3, 12, 41, 76, 92, 93, 114
障害者の定義　15, 17, 54, 56, 58, 73, 100, 113, 178
障害程度区分　9, 10, 11, 18, 90, 103, 117, 162, 163, 179
小規模作業所　1, 9, 60, 78, 103, 117, 132, 142, 144, 147, 148, 173
昭和26年通達　21, 60, 62, 143, 148
職業紹介サービス　30
職業の要素　20
職業リハビリテーション　11, 14, 17, 30, 37, 38, 41, 44, 47, 48, 49, 51, 54, 56, 58, 59, 61, 62, 64, 67, 68, 70, 72, 78, 85, 93, 97, 100, 107, 120, 126, 158, 161, 163, 181, 189, 190, 193, 199
職場復帰計画　38, 39
職務再設計　186
助成金　75, 76, 107, 153, 188
女性差別撤廃条約　27
ジョブ・コーチ　39, 41, 48, 49, 71, 111, 121, 134, 139, 140, 195, 198, 199
ジョブライフサポーター事業　49, 82
自立概念　92, 93, 94, 105
自立支援プログラム　95, 96, 97
自立生活　92, 103
自立の努力義務　4
自立への努力義務　3, 12
人生の質　14
身体障害者福祉法　1, 2, 17, 18, 57

進路指導　44, 133, 134
セイフティ・ネット　97, 130, 142, 145, 147, 151, 161, 170
積極的差別是正措置　33, 36, 75, 107, 191, 192, 193, 194
積極的な差別　6, 7, 34, 35, 74
専門職　22, 41, 46, 48, 49, 97, 112, 164, 180, 182, 198, 199, 200
総合的な支援　32, 39, 45, 82, 209
統合的な支援システム　71
総合リハビリテーション法　162, 174, 175, 177, 179, 181, 182, 184, 186, 192, 195, 197, 199, 201, 202
ソーシャル・インクルージョン　155, 157
ソーシャル・ファーム　155, 156, 157

【た行】

第159号条約　31, 51, 54, 56, 58, 59, 61, 62, 67, 69, 70, 73, 78, 100, 136, 140, 178
対象者の個別判断　162
他の者との平等　15, 19, 21, 28, 34, 115, 118, 136, 173, 183
ダブルカウント　57, 58, 75, 107, 123, 133, 135, 192
地域社会への参加　45
地域生活支援　103, 106, 113
地域リハビリテーションセンター　38, 39, 43, 46, 126, 163, 164, 181, 195, 196, 198, 199, 201
知的障害者福祉法　1, 2
中途障害者　25, 31, 39
調整委員会　190
賃金補填　64, 66, 108, 112, 118, 120, 125, 126, 163
追加的経費　34, 75, 77, 145, 184, 188
デイアクティビティセンター　78, 117, 119
ディーセント・ワーク　107, 110, 128,

129, 131, 136, 138, 140, 142, 147, 148, 165, 173, 175, 176, 182
特例子会社制度　34, 75, 107, 135, 174, 193

【な行】

ナイスハート物品購入制度　153, 204
納付金制度　33, 35, 74, 75, 77, 107, 108, 112, 122, 124, 140, 145, 174, 188, 189, 193, 195
ノーマライズされた障害者　93
ノーマルな雇用　34, 195
ノーマルな職場　24, 110, 151

【は行】

ハートビル法　3, 12
配慮義務違反による差別　7
パイロット・スタディ　120, 125, 149
働き・暮らし応援センター　43, 127
発達障害者支援法　1, 2
ハンディキャッパー　155
ピア・サポート　41, 112, 199
ビジネスモデル　110, 164, 167, 203
評価　44, 66
平等のパートナー　34, 194
開かれた労働市場　37, 48, 59, 67
福祉工場　59, 60, 61, 62, 71, 103, 127, 132, 134, 150, 173
福祉的就労　9, 11, 21, 23, 27, 29, 37, 59, 60, 63, 72, 78, 86, 96, 97, 98, 103, 104, 108, 109, 125, 132, 138, 141, 144, 147, 148, 150, 152, 158, 162, 166, 174
平成19年通達　21, 65, 143, 144, 145, 148, 161
包括的なリハビリテーション　41, 42, 43, 182
保護雇用　53, 63, 159

【ま行】

マーリー・マトン　131, 177
民間部門　33, 34, 36, 191
無料職業紹介事業　196

【や行】

融合施策　42
ユニバーサルデザイン　16, 77, 189

【ら行】

烙印　74, 193
リハビリテーションカウンセラー　198
リハビリテーション計画　30, 38, 181, 182, 197, 199
リハビリテーションの目標　20, 179
リハビリテーション法　20, 21, 26, 39, 122, 178
利用者負担　8, 10, 11, 90, 91, 95, 103, 108, 195
利用料支払義務　68, 69
労災保険　124, 189
労働及び雇用　19, 20, 22, 25, 29, 30, 32, 39, 41, 106, 120, 122, 179
労働及び雇用の対価　22
労働環境　20, 22, 24, 28, 34, 111, 112, 136, 141, 153, 161, 175, 177, 187, 194, 210
労働関係法制　10, 21, 23, 29, 60, 62, 69, 93, 97, 104, 109, 115, 118, 132, 140, 142, 144, 147, 149, 151, 159, 161, 163
労働基準法の適用　142
労働組合　29, 52, 53, 81, 145, 185
労働の権利　6, 7, 10, 14, 21, 27, 32, 51, 75, 97, 98, 102, 104, 110, 122, 141, 147, 149, 163, 170, 173, 175, 176, 182, 192

【わ行】

ワーカビリティインターナショナル　52
ワン・ストップ・サービス　43, 126, 196

著者紹介

　　　　　　　　　安井　秀作（やすい　しゅうさく）
1944（昭和19）年　岡山県岡山市生まれ
1986（昭和43）年　岡山大学法文学部哲学科（心理学専攻）卒業、旧労働省におい
　　　　　　　　　て、主として障害者雇用・職業リハビリテーション関係施策の
　　　　　　　　　立案に従事
2000（平成12）年　近畿医療福祉大学社会福祉学部教授
2010（平成22）年　関西福祉大学学長、NPO・播磨地域福祉サービス第三者評価機
　　　　　　　　　構理事長、NPO・日本アビリティーズ協会理事など
主要著書　「職業リハビリテーションン（障害者の職業的自立をめざして）」（単著・
　　　　　1989（平成元）年・中央法規（株））
　　　　　「精神保健行政と生活保障」（共著・1990（平成2）年・中央法規（株））
　　　　　「精神保健の制度と運用」（共著・1990（平成2）年・中央法規（株））
　　　　　「障害者職業リハビリテーション・雇用制度の新たな展開（職業を通じて
　　　　　の社会への統合をめざして）」（単著・1995（平成7）年・エンパワメント
　　　　　研究所）など

すべての障害者が生きがいをもって働けるようにするために

　　　発行日：2012年2月27日　初版第一刷（500部）
　　　著　者：安井　秀作
　　　発　行：エンパワメント研究所
　　　　　　　〒176-0011　東京都練馬区豊玉上2-24-1
　　　　　　　　　　　　　　　スペース96内
　　　　　　　TEL 03-3991-9600　FAX 03-3991-9634
　　　　　　　https://www.space96.com
　　　　　　　e-mail：qwk01077@nifty.com
　　　発　売：筒井書房
　　　　　　　〒176-0012　東京都練馬区豊玉北3-5-2
　　　　　　　TEL 03-3993-5545　FAX 03-3993-7177

　　　装釘　石原雅彦
　　　印刷　株式会社シナノ　　　　ISBN978-4-902249-28-6